高职高专汽车类专业系列教材

汽车电气设备与维修任务工单

主　编　吴　涛

主　审　刘美灵

西安电子科技大学出版社

内 容 简 介

　　本书是一本按照"汽车电气设备与维修"课程要求及工作过程系统化的实施要求编写的任务工单。作为配套教学资料,本书按照汽车维修企业的典型工作任务的需要进行内容设置,基于工作过程系统化理念进行编写,将学习过程与工作过程融为一体,通过小组任务分配合作学习的方式,培养学生爱国敬业、遵纪守法、诚实守信、善于沟通与合作的品质以及精益求精的工匠精神。

　　本书主要内容包括汽车电气常用检测工具及仪器的使用、汽车蓄电池的检测与充电、交流发电机的结构与检测、交流发电机充电系统故障诊断、启动机的结构与检测、启动系统故障诊断、点火系统的组成与检测、晶体管点火系统故障诊断、微机控制点火系统故障诊断、汽车照明与信号系统的检修、汽车仪表与报警信息系统的检修、风窗清洁装置的检修、汽车空调系统的构造与性能测试、汽车电路图识读与电路分析等19个任务,书末给出了两份模拟试卷,供老师学生参考。

　　本书既可作为职业院校汽车检测与维修技术专业、新能源汽车检测与维修技术等专业的教学用书,也可作为职业技能培训和其他从事相关工作的专业人员的参考书。

图书在版编目(CIP)数据

汽车电气设备与维修任务工单 / 吴涛主编. —西安:西安电子科技大学出版社,2022.8(2023.8重印)

ISBN 978 - 7 - 5606 - 6506 - 1

Ⅰ. ①汽… Ⅱ. ①吴… Ⅲ. ①汽车—电气设备—车辆维修 Ⅳ. ①U472.41

中国版本图书馆 CIP 数据核字(2022)第 101372 号

策　　划　马晓娟
责任编辑　马晓娟
出版发行　西安电子科技大学出版社(西安市太白南路 2 号)
电　　话　(029)88202421　88201467　　邮　编　710071
网　　址　www. xduph. com　　电子邮箱　xdupfxb001@163. com
经　　销　新华书店
印刷单位　咸阳华盛印务有限责任公司
版　　次　2022 年 8 月第 1 版　2023 年 8 月第 2 次印刷
开　　本　787 毫米×1092 毫米　1/16　印张　10.5
字　　数　245 千字
印　　数　1001～3000 册
定　　价　30.00 元

ISBN 978 - 7 - 5606 - 6506 - 1 / U

XDUP 6808001 - 2

前　　言

随着我国汽车工业的迅速发展，汽车保有量大幅增加，汽车已成为人们生产和生活的重要工具。汽车技术的不断更新，对汽车维修行业从业人员的数量和素质提出了更高的要求。现代企业不仅需要员工具备熟练的技能，更需要员工具备极强的责任心，诚实、守信的良好品质以及能合作且善于沟通的能力。

本书基于工作过程系统化的要求，将学习过程与工作过程融为一体，符合当前职业教育教学改革的理念和需求。编写中我们重点关注了学生爱国敬业、遵纪守法、诚实守信等良好品质的培养以及沟通与合作能力的培养。

本书以提高学生职业能力与职业素养为目标，以任务导向教学为基础，通过问题引导的方式给出任务，充分体现了高职教学"做中学、学中做"的特点。教学中，可以小组为单位进行任务分配，让全体同学参与其中，让学生在合作的基础上"发现问题、分析问题、解决问题"。在采用小组合作的方式进行教学时，要充分考虑分组的方式、组内及组间合作的方式、小组及其成员的评价方法，要不断变换小组合作的方式和方法。教学中要加强学生职业理想和职业道德教育，增强学生的职业责任感，在培养学生知识与技能的同时，更要注重培养学生的安全文明生产意识，以使学生适应市场需求；在传授知识、培养能力的同时，更要注重弘扬社会主义核心价值观，培养学生脚踏实地的作风、精益求精的大国工匠精神，以使学生能为实现中国梦添砖加瓦。

本书将能力培养与多样化的考核相结合。教学中可以采用过程性考核与期末综合考核相结合的考核评价方式。过程性考核主要考核学生对知识的综合运用能力（包括完成任务的组织能力、合作能力和责任心，总结任务的表达能力）以及完成任务过程中的积极态度、克服困难的决心等。本书内容安排充分考虑了与汽车维修工等级证书、汽车维修"1+X"考评证书的衔接，有助于学生掌握必要的专业知识，取得相应的职业资格证书。

本书由浙江交通职业技术学院吴涛主编，浙江交通职业技术学院颜文华承担了部分项目的编写工作，全书由浙江交通职业技术学院刘美灵主审。在编写本书的过程中，编者得到了许多专家和同行的热情支持，并参阅了许多国内外公开出版和发表的文献，在此对这些专家同行以及文献作者一并表示感谢！

限于编者经验及水平，且书稿内容难以覆盖全国各地的实际情况，书中难免存在不妥之处，恳请读者提出宝贵意见。

编　者

2022 年 3 月

目　　录

任务一　汽车电气常用检测工具及仪器的使用

学习目标

（1）能识别基本的电气元件。
（2）能够对常见的电气元件的好坏进行判断。
（3）能正确识别汽车上的常用电气设备。
（4）能熟练使用数字万用表等测量工具。
（5）能进行汽车电路基本故障的诊断与检测。

任务情景描述

在检测汽车电路时，经常会用到数字万用表等检测仪器及工具。

通过本任务，学生应认识汽车电路故障的基本类型与特点，学习汽车电路常用检测仪器的正确使用方法，掌握汽车电路检测的基本方法及注意事项。

学习准备

与车辆维修有关的许多操作都会影响人身安全或健康，因此所有作业与程序以及材料的处理均应以安全及健康为前提。在使用任何产品前，均应查阅由制造厂或供应商所提供的产品使用说明书。

在维修任何电气部件前，开关电源模式必须置于 OFF（关闭）状态，并且所有电气负载也必须处于 OFF 状态（除非操作程序中另有说明）。

如果工具或设备容易接触裸露的带电电气端子，则要断开蓄电池负极电缆。违反这些安全须知，可能导致人身伤害、车辆或车辆部件损坏。特别是在检修新能源车高压系统时，更要注意场地人员的绝缘与安全防护，避免发生危险。

切勿将测试设备（数字万用表等）的探针插入线束连接器或保险丝盒端子中；测试探针的直径会使大多数端子变形，端子变形后会接触不良，从而导致系统故障；务必使用专用工具从前部探测端子，切勿用回形针或其他替代物去检测端子。

完成本次任务需要哪些设备、工具和耗材？

设备：＿＿＿＿＿＿＿＿＿＿＿＿＿＿＿＿＿＿＿＿＿＿＿＿＿＿＿＿＿＿＿＿＿＿＿＿＿＿

工具：＿＿＿＿＿＿＿＿＿＿＿＿＿＿＿＿＿＿＿＿＿＿＿＿＿＿＿＿＿＿＿＿＿＿＿＿＿＿

耗材：＿＿＿＿＿＿＿＿＿＿＿＿＿＿＿＿＿＿＿＿＿＿＿＿＿＿＿＿＿＿＿＿＿＿＿＿＿＿

工作内容

一、认识安全防护设备

写出图 1-1 所示安全防护设备的名称。

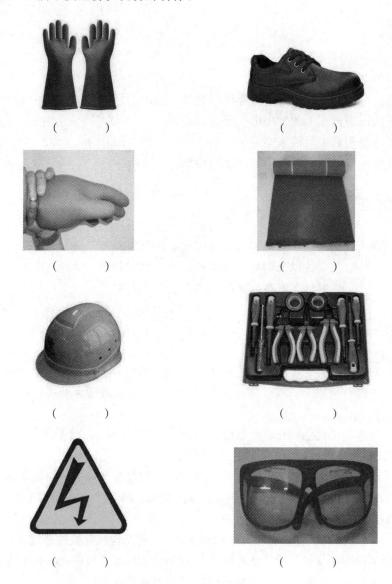

图 1-1　安全防护设备

二、数字万用表的使用

1. 观察所提供的数字万用表，在指导老师的讲解下，了解万用表的功能和使用中的注意事项，并在下面的测量中加以应用：

（1）测量普通导线的电阻，被测量物体必须_____。

（2）测量普通导线的导通性，蜂鸣器是否响起：_____。

（3）测量电流的注意事项：_____。

2. 假设使用图1-2所示的数字万用表测量电流。

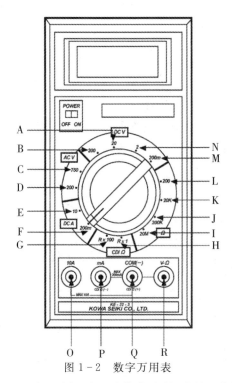

图1-2　数字万用表

（1）当预期读数约为8 A时，黑色测试引线应连接到哪一个插孔？_____

（2）当预期读数约为8 A时，红色测试引线应连接到哪一个插孔？_____

（3）当预期读数约为8 A时，功能开关应设定在哪个位置？_____

（4）当预期读数约为100 mA时，黑色测试引线应连接到哪一个插孔？_____

（5）当预期读数约为100 mA时，红色测试引线应连接到哪一个插孔？_____

（6）当预期读数约为100 mA时，功能开关应设定在哪个位置？_____

三、二极管的检测

1. 测量普通二极管需使用数字万用表的_____挡位。测量时红表笔接二极管 P（正）极，黑表笔接 N（负）极，万用表读数为_____；交换红黑表笔再测量，读数为_____。

2. 通过上面的测量可以得出二极管的什么特性？

_____

3. 如果以上测量使用的是万用表的欧姆挡呢？

_____

4．现在你能否对二极管的好坏进行判断？　　能□　　不能□

四、保险丝的判断

1．观察实物，记下各种颜色的片状保险丝的额定电流值（单位为 A）。

颜色	棕黄	红	蓝	黄	透明	绿
额定电流						

2．如果一个好的保险丝一端连接电源，一端出现搭铁，则会出现的结果为_____，熔断的间隙大概为_____。出现此故障时，能否直接更换保险丝？_____

3．观察保险丝盒，列举其中的保险丝号：_____。

4．如果保险丝出现如图 1-3 所示情况的损坏，能直接更换保险丝吗？左图保险丝损坏原因一般是什么？右图保险丝损坏原因一般是什么？

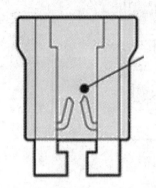 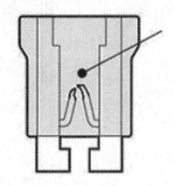

图 1-3　保险丝故障

五、继电器的检测

1．观察如图 1-4 所示实物，回答问题。

图 1-4　继电器实物

（1）线圈端子为_____号、_____号。

（2）开关的公共端子为_____号。

（3）在车上找到一个 4 脚继电器，它比 5 脚继电器少的端子是_____号。

2. 继电器检测：

（1）使用万用表的电阻挡测量线圈端子的阻值，为＿＿＿＿＿＿Ω，使用蜂鸣挡检测线圈端子是否导通？＿＿＿＿＿＿

（2）向常开继电器的线圈供电，开关触点是否出现闭合的声音或振动？＿＿＿＿＿＿

（3）现在你能否对继电器的好坏进行判断？　　能□　　不能□

六、可变电阻的测量（也可用节气门位置传感器，或大灯调整开关代替）

1. 实物观察，燃油传感器的总电阻是＿＿＿＿＿＿＿＿Ω。

2. 当油浮子在一半时，测量传感器信号线和地线之间的电阻为＿＿＿＿＿＿＿＿Ω。

3. 慢慢将可变电阻从最高位移到最低位，其阻值如何变化？＿＿＿＿＿＿＿＿

4. 如何判断鼓风机调速电阻的好坏？如何检查呢？

＿＿＿＿＿＿＿＿＿＿＿＿＿＿＿＿＿＿＿＿＿＿＿＿＿＿＿＿＿＿＿＿＿＿＿＿＿＿＿

＿＿＿＿＿＿＿＿＿＿＿＿＿＿＿＿＿＿＿＿＿＿＿＿＿＿＿＿＿＿＿＿＿＿＿＿＿＿＿

5. 现在你能否正确地使用数字万用表并对常见的电气元件的好坏进行判断？
　　能□　不能□

┋ 思考与练习 ┋

1. 判断题（对打"√"，错打"×"）。

（　　）(1) 普通低压线一般采用带绝缘包层的铜质多股软线。

（　　）(2) 汽车低压导线的截面积只根据用电设备的电流进行选择。

（　　）(3) 汽车电气设备电路图导线上的符号表示的是导线的面积和颜色。

（　　）(4) 拔开插接器时，先将插接器的锁止解除，再往外拉插接器的引线即可分开。

2. 简答题。

(1) 如何对点火开关进行检测？

＿＿＿＿＿＿＿＿＿＿＿＿＿＿＿＿＿＿＿＿＿＿＿＿＿＿＿＿＿＿＿＿＿＿＿＿＿＿＿

＿＿＿＿＿＿＿＿＿＿＿＿＿＿＿＿＿＿＿＿＿＿＿＿＿＿＿＿＿＿＿＿＿＿＿＿＿＿＿

(2) 汽车电气电路的基本组成部件是哪些？

＿＿＿＿＿＿＿＿＿＿＿＿＿＿＿＿＿＿＿＿＿＿＿＿＿＿＿＿＿＿＿＿＿＿＿＿＿＿＿

＿＿＿＿＿＿＿＿＿＿＿＿＿＿＿＿＿＿＿＿＿＿＿＿＿＿＿＿＿＿＿＿＿＿＿＿＿＿＿

(3) 汽车电气设备维修中常用的检测仪表和工具有哪些？

＿＿＿＿＿＿＿＿＿＿＿＿＿＿＿＿＿＿＿＿＿＿＿＿＿＿＿＿＿＿＿＿＿＿＿＿＿＿＿

＿＿＿＿＿＿＿＿＿＿＿＿＿＿＿＿＿＿＿＿＿＿＿＿＿＿＿＿＿＿＿＿＿＿＿＿＿＿＿

学习体会

1. 你对活动中的哪个技能最感兴趣？为什么？

_____

2. 你觉得活动中哪个技能最有用？为什么？

_____

3. 你觉得活动中哪个技能的操作可以改进，以使操作更方便实用？请写出操作过程。

_____

4. 相互交流并总结万用表的使用方法。

_____

评价与反馈

学习评价目标	自评	互评	师评
1. 能正确识别汽车的常用电气设备。			
2. 能熟练使用数字万用表等测量工具。			
3. 能够对二极管的好坏进行判断。			
4. 能够对继电器的好坏进行判断。			
5. 能进行汽车电路基本故障的诊断与检测。			
6. 能够对常见的开关电气元件的好坏进行判断。			
7. 操作过程中，安全措施到位。			
8. 操作过程中，无返工现象。			
9. 活动中，环保工作及安全工作做得好。			
总体评价		教师签名	

任务二　汽车蓄电池的检测与充电

学习目标

（1）能正确进行蓄电池的拆装。

（2）掌握铅酸蓄电池的结构与工作原理、工作特性及充电方法。

（3）掌握蓄电池的正确使用和维护方法。

（4）能进行蓄电池的故障诊断与排除，能对蓄电池进行检测、维护作业，会分析蓄电池的故障原因并记录检测数据。

任务情景描述

一车主开车时发现启动机运转无力，后联系了 4S 店。根据客户的陈述，维修技师对此车故障进行了验证，怀疑是蓄电池性能下降所致。

教师通过案例讲解故障现象和部位，学生应掌握蓄电池的故障现象和检测方法。

学习准备

与车辆维修有关的许多操作都会影响人身安全或健康，因此所有作业与程序以及材料的处理均应以安全及健康为前提。在使用任何产品前，均应查阅由制造厂或供应商所提供的产品使用说明书。

充电时所释放出的气体具有爆炸性，切勿在充电的蓄电池或者最近刚充完电的蓄电池附近进行明火操作。必须要保持良好的通风。

每当连接或断开蓄电池电缆、蓄电池充电器，或跨接电缆时，务必将启动开关置于OFF 位置，否则会导致控制模块或其他电气部件损坏。

注意事项：

1. 安装蓄电池时要注意正负极性。

2. 蓄电池充电时，充电电流不要过大。

完成本次任务需要哪些设备、工具和耗材？

设备：＿＿＿＿＿＿＿＿＿＿＿＿＿＿＿＿＿＿＿＿＿＿＿＿＿＿＿＿＿＿＿＿＿＿＿

工具：＿＿＿＿＿＿＿＿＿＿＿＿＿＿＿＿＿＿＿＿＿＿＿＿＿＿＿＿＿＿＿＿＿＿＿

耗材：＿＿＿＿＿＿＿＿＿＿＿＿＿＿＿＿＿＿＿＿＿＿＿＿＿＿＿＿＿＿＿＿＿＿＿

工作内容

一、蓄电池的结构与充放电

1. 蓄电池的功用。

（1）发动机在停止状态时，蓄电池的功用为 _____

_____。

（2）发动机在启动状态时，蓄电池的功用为 _____

_____。

（3）发动机在低速状态时，蓄电池的功用为 _____

_____。

（4）当发电机电压高于蓄电池电压时，蓄电池的功用为 _____

_____。

2. 写出图 2-1 中带序号部件的名称。

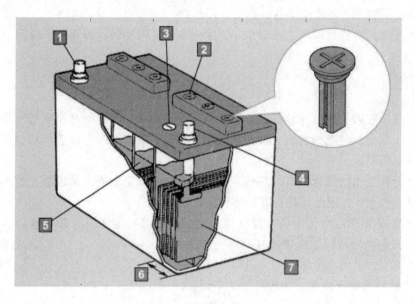

图 2-1　铅酸蓄电池的结构

1—_____；2—_____；3—_____；4—_____；

5—_____；6—_____；7—_____。

3. 简述蓄电池放电终了和充电终了的特征。

_____

_____

4. 说明下列蓄电池的基本技术参数及其含义。

(1) 6 - QA - 100 表示 _____ 。

(2) 6 - QAW - 100 表示 _____ 。

(3) 6 - QA - 105G 表示 _____ 。

5. 蓄电池的充电方法及其特点。

(1) 蓄电池的电压充电法及其特点：_____

_____ 。

(2) 蓄电池的电流充电法及其特点：_____

_____ 。

6. 采用恒流充电方法对蓄电池进行充电作业，将第一阶段充电参数记录在表2-1中。

表 2 - 1　蓄电池充电参数记录

序号	记录项目	充电蓄电池编号			
		1	2	3	4
1	蓄电池型号				
2	蓄电池端电压/V				
3	充电机输出的充电电压/V				
4	充电机输出的充电电流/A				
5	蓄电池充足电时的现象或特征				

二、蓄电池的使用与维护

1. 在日常使用蓄电池时,应注意做好哪些工作?

_____

_____

2. 蓄电池的技术状况检查。

蓄电池技术状况的检查包括蓄电池端电压的检查、电解液液面高度的检查以及电解液密度测量等。分别简述其操作过程,并将结果记录下来。

(1) 参照图 2 - 2,叙述蓄电池端电压的检测方法。

_____

_____

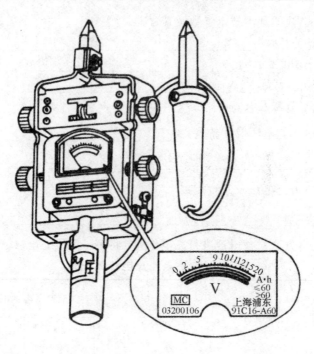

图 2-2 高率放电计

（2）参照图 2-3～图 2-5，叙述用密度计与折射仪测量蓄电池电解液密度的方法。

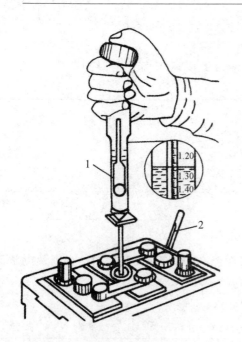

1—密度计；2—温度计

图 2-3 测量电解液密度

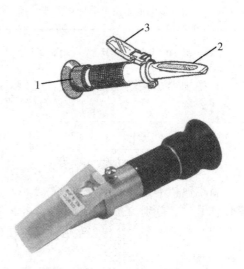

1—观察镜；2—玻璃；3—盖板

图 2-4 便携式折射仪

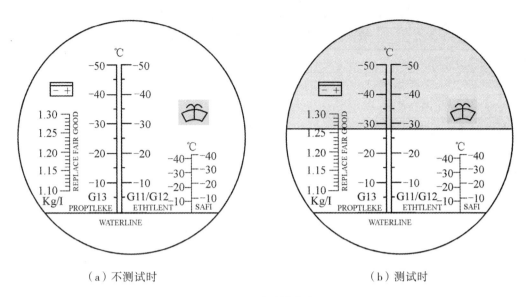

（a）不测试时　　　　　　　　　（b）测试时

图 2-5　折射仪视场

（3）参照图 2-6，叙述用玻璃管测量电解液液面高度的方法。

_____

_____

_____

_____

_____

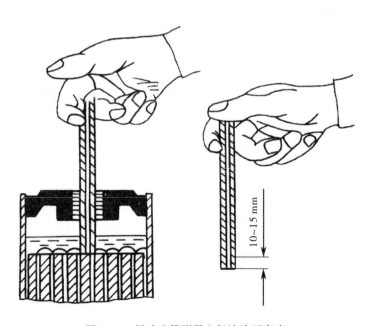

图 2-6　用玻璃管测量电解液液面高度

（4）检查蓄电池的技术状况，将测量结果填入表2-2中。

表 2-2 蓄电池技术状况测量记录

蓄电池型号			检查或测量结果						分析处理方法
序号	检查项目		1单格	2单格	3单格	4单格	5单格	6单格	
1	外壳情况								
	极柱情况								
	加液孔盖情况								
2	蓄电池开路电压/V								
3	电解液液面高度/mm								
4	电解液温度/℃								
	电解液密度/(g/cm³)	ρ_T							
		$\rho_{25℃}$							
	按密度计算放电程度/%								
5	高率放电计所测电压/V								
	按高率放电计所测电压计算放电程度								

3. 免维护蓄电池内部安装有电解液密度计（俗称电眼），可自动显示蓄电池的存电状态和电解液液面的高度，如图2-7所示。如观察窗呈现绿色，则说明_____；如呈现黑色，则说明_____；如呈现浅黄色，则说明_____。

图 2-7 免维护蓄电池电量指示

4. 写出蓄电池的正确使用方法。

_____

_____

_____

5. 写出蓄电池的维护过程。

_____

_____

_____

思考与练习

1. 填空题。

(1) 铅酸蓄电池正极板活性物质是_____，颜色为_____；负极板活性物质是_____，颜色为_____。

(2) 蓄电池整个放电过程的化学反应方程式为：_____。

2. 判断题。

(　　)(1) 将蓄电池的正负极板各一片插入到电解液中，即可获得 12 V 的电动势。

(　　)(2) 蓄电池极板硫化的原因主要是长期充电不足，电解液不足。

(　　)(3) 在一个单格蓄电池中，负极板的片数总比正极板的多 1。

(　　)(4) 蓄电池可以缓和电气系统中的脉冲电压。

(　　)(5) 实践证明，电解液密度相对偏低，有利于提高放电电流和容量，延长蓄电池的使用寿命。

(　　)(6) 蓄电池 6－QA－105G 表示由 6 个单格串联、额定电压为 12 V、额定容量为 105 A·h 的启动用湿荷电高启动率蓄电池。

(　　)(7) 拆卸蓄电池时，为了安全起见，建议先拆正极，后拆负极；安装时顺序相反。

(　　)(8) 免维护蓄电池在使用过程中不需补加蒸馏水。

3. 选择题。

(1) 铅蓄电池的内阻大小主要取决于(　　)。

A. 极板的电阻　　　　　　B. 电解液的电阻　　　　　　C. 隔板的电阻

(2) 蓄电池亏电长期放置不用，容易造成(　　)。

A. 极板硫化　　　　　　　B. 极板短路　　　　　　　　C. 活性物质脱落

(3) 蓄电池的额定容量与(　　)有关。

A. 单格数　　　　　　　　　　　　B. 电解液数量

C. 单格内极板片数　　　　　　　　D. 温度

(4) (　　)蓄电池使用前，一定要经过初充电。

A. 干荷电　　　　　　　　B. 普通　　　　　　　　　　C. 免维护

(5) 蓄电池电解液的相对密度一般为(　　)g/cm³。

A. 1.25～1.28　　　　　　B. 1.15～1.20　　　　　　　C. 1.35～1.40

(6) 蓄电池在补充充电过程中，第一阶段的充电电流应选取其额定容量的(　　)。

A. 1/10　　　　　　　　　B. 1/15　　　　　　　　　　C. 1/20

(7) 蓄电池在放电过程中，其电解液的密度是(　　)。

A. 不断上升的　　　　　　B. 不断下降的　　　　　　　C. 保持不变的

(8) 蓄电池在正常使用过程中，如发现电解液的液面下降，应及时补充(　　)。

A. 电解液　　　　　　　　B. 稀硫酸　　　　　　　　　C. 蒸馏水

(9) 蓄电池放电时，端电压逐渐(　　)。

A. 上升　　　　　　　B. 平衡状态　　　　　C. 下降　　　　D. 不变

（10）蓄电池电解液的温度下降，会使其容量（　　　）。

A. 增加　　　　　　　B. 下降　　　　　　　C. 不变

（11）蓄电池极板上的活性物质在放电过程中都转变为（　　　）。

A. 硫酸铅　　　　　　B. 二氧化铅　　　　　C. 铅

4. 简答题。

采用哪些方法，可以检测蓄电池的技术状况？

_____

_____

学习体会

1. 你对活动中的哪个技能最感兴趣？为什么？

_____

2. 你觉得活动中哪个技能最有用？为什么？

_____

3. 你觉得活动中哪个技能的操作可以改进，以使操作更方便实用？请写出操作过程。

_____

4. 你还有哪些要求与设想？

_____

_____

评价与反馈

学习评价指标	自评	互评	师评
1. 能说出蓄电池的作用。			
2. 能正确处理蓄电池电缆的断开与连接。			
3. 能掌握蓄电池的日常维护方法。			
4. 能自己对蓄电池充电。			
5. 能正确安装蓄电池。			
6. 能规范安装发电机传动皮带，并调节好张紧度。			
7. 操作过程中，安全措施到位。			
8. 操作过程中，无返工现象。			
9. 活动中，环保工作及安全工作做得好。			
总体评价		教师签名	

任务三　交流发电机的结构与检测

学习目标

（1）能说出汽车发电机及调节器的组成及作用。

（2）能认识电源系统各元件及其在汽车上的安装位置。

（3）掌握交流发电机的工作原理和工作特性。

（4）掌握交流发电机的结构、维护及检测方法。

（5）掌握电压调节器的类型及调压原理。

（6）掌握充电系统的故障诊断与排除方法。

（7）能正确拆装交流发电机，能对晶体管电压调节器进行检测。

任务情景描述

一车主描述车辆发动机运转时，充电指示灯常亮，充电系统不正常。

教师通过故障现象引入相关知识，要求学生用不同方法对该车的发电机及调节器进行全面检测，判断其技术性能，并记录工作过程及检测数据。

学习准备

与车辆维修有关的许多操作都会影响人身安全或健康，因此所有作业与程序以及材料的处理均应以安全及健康为前提。在使用任何产品前，均应查阅由制造厂或供应商所提供的产品使用说明书。

注意事项：

1. 检查蓄电池电缆是否接在正确的端子上。

2. 当对蓄电池进行快速充电时，应断开蓄电池电缆。

3. 不要用高电压绝缘电阻测试仪进行测试。

4. 切勿在发动机运转时断开蓄电池电缆。

5. 充电电缆螺母应拧紧在发电机上。

完成本次任务需要哪些设备、工具和耗材？

设备：_____

工具：_____

耗材：_____

工作内容

一、发电机的功能与部件

1. 请对图 3 - 1 所示充电系统中标注序号的器件进行命名。

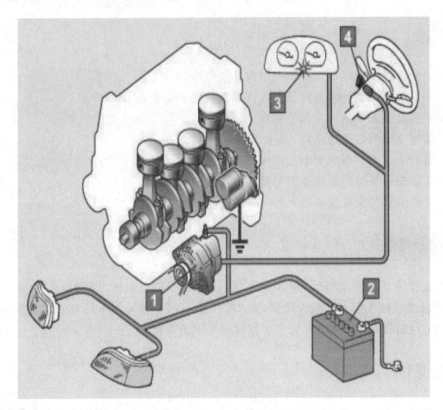

图 3 - 1 充电系统

1—＿＿＿＿＿＿＿＿＿＿＿；2—＿＿＿＿＿＿＿＿＿＿＿；

3—＿＿＿＿＿＿＿＿＿＿＿；4—＿＿＿＿＿＿＿＿＿＿＿。

2. 请说出发电机的三个功能的作用。

（1）发电：＿＿＿＿＿＿＿＿＿＿＿＿＿＿＿＿＿＿＿＿＿＿＿＿＿

＿＿＿＿＿＿＿＿＿＿＿＿＿＿＿＿＿＿＿＿＿＿＿＿＿＿＿＿＿＿＿。

（2）整流：＿＿＿＿＿＿＿＿＿＿＿＿＿＿＿＿＿＿＿＿＿＿＿＿＿

＿＿＿＿＿＿＿＿＿＿＿＿＿＿＿＿＿＿＿＿＿＿＿＿＿＿＿＿＿＿＿。

（3）调节电压：＿＿＿＿＿＿＿＿＿＿＿＿＿＿＿＿＿＿＿＿＿＿＿

＿＿＿＿＿＿＿＿＿＿＿＿＿＿＿＿＿＿＿＿＿＿＿＿＿＿＿＿＿＿＿。

3. 写出图 3-2 中标注序号部件的名称。

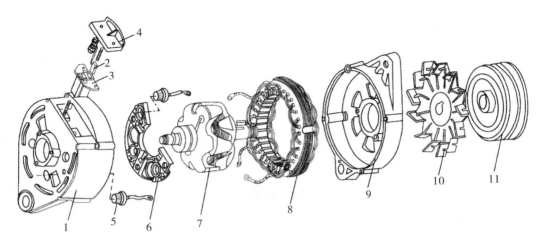

图 3-2　国产 JF132 型交流发电机结构图

1—＿＿＿＿＿＿＿＿＿；2—＿＿＿＿＿＿＿＿＿；3—＿＿＿＿＿＿＿＿＿；4—＿＿＿＿＿＿＿＿＿；
5—＿＿＿＿＿＿＿＿＿；6—＿＿＿＿＿＿＿＿＿；7—＿＿＿＿＿＿＿＿＿；8—＿＿＿＿＿＿＿＿＿；
9—＿＿＿＿＿＿＿＿＿；10—＿＿＿＿＿＿＿＿＿；11—＿＿＿＿＿＿＿＿＿。

二、发电机定子(电枢)结构

1. 定子的作用：＿＿＿＿＿＿＿＿＿＿＿＿；定子的组成：＿＿＿＿＿＿＿＿＿＿＿＿。
2. 交流发电机电压是如何产生的？

＿＿＿

＿＿＿

＿＿＿

3. 根据图 3-3(a)，用不同的颜色在图 3-3(b)中表示三相交流电的波形。

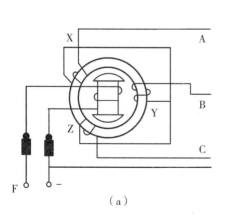

（a）

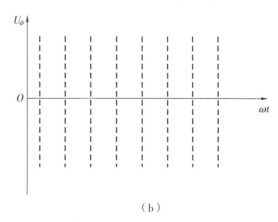

（b）

图 3-3　发电机的工作原理

4. 写出图 3-4 中标注序号部件的名称。

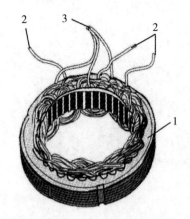

图 3-4　定子的结构

1—＿＿＿＿＿＿＿＿＿；2—＿＿＿＿＿＿＿＿＿；3—＿＿＿＿＿＿＿＿＿。

5. 画出星形和三角形定子绕组的接法。

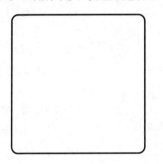

6. 定子星形接法的特点：＿＿＿＿＿＿＿＿＿＿＿＿＿＿＿＿＿＿＿＿＿＿＿＿＿＿＿。

7. 定子三角形接法的特点：＿＿＿＿＿＿＿＿＿＿＿＿＿＿＿＿＿＿＿＿＿＿＿＿＿。

三、发电机转子结构

1. 转子的作用：＿＿＿＿＿＿＿＿＿＿＿＿＿；转子的组成：＿＿＿＿＿＿＿＿＿＿＿＿。

2. 写出图 3-5 中标注序号部件的名称。

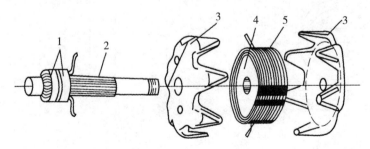

图 3-5　发电机转子

1—＿＿＿＿＿＿；2—＿＿＿＿＿＿；3—＿＿＿＿＿＿；4—＿＿＿＿＿＿；5—＿＿＿＿＿＿。

四、整流器

1. 整流器的作用：_____；整流器的组成：_____。

2. 请在图3-6中画出十一管交流发电机的内部整流图。

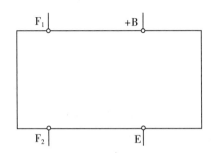

图3-6　发电机框图

3. 根据图3-7(a)，用不同的颜色在图3-7(b)中画出三相交流和直流电波形。

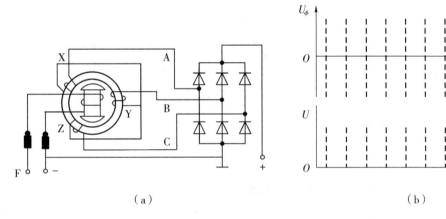

（a）　　　　　　　　　　　　　　　　（b）

图3-7　三相桥式整流

4. 根据图3-7写出整流过程。

（1）A相为正B相为负的整流过程：_____

_____。

（2）B相为正C相为负的整流过程：_____

_____。

5. 什么是正二极管？什么是负二极管？

_____

_____

6. 八管的交流发电机，其中两个二极管起_____作用。

五、调节器

1. 发电机调节器的作用是什么？交流发电机如何进行电压的调节？

_____

_____

_____

_____

_____

2. 电压调节器的基本原理如图 3-8 所示。

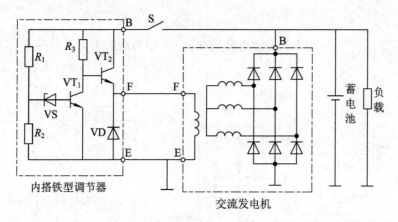

内搭铁型调节器　　　交流发电机

图 3-8　内搭铁式晶体管调节器的基本电路

（1）写出发电机他励时，调节器的工作原理。

_____

_____

_____

（2）写出发电机自励时，调节器的工作原理。

_____

_____

_____

（3）所需激励电流的大小与什么有关？

_____

_____

_____

六、发电机的工作特性及实验

1. 根据图 3 - 9～图 3 - 11 简述交流发电机的工作特性。（注：将结果写在右侧方框内。）

（1）交流发电机的输出特性。

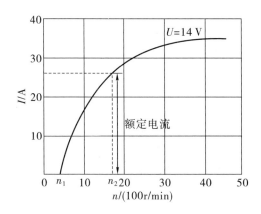

图 3 - 9 输出特性

（2）交流发电机的空载特性。

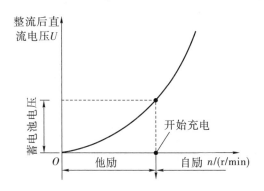

图 3 - 10 空载特性

（3）交流发电机的外特性。

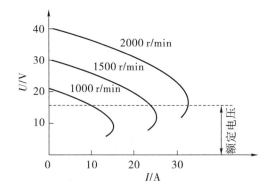

图 3 - 11 外特性

2. 十一管交流发电机的整流器总成由 6 只三相桥式整流二极管、3 只磁场二极管和 2 只中性点二极管组成，如图 3-12 所示。简述十一管交流发电机中磁场二极管和中性点二极管的特点和作用。

_____

_____

_____

_____

_____

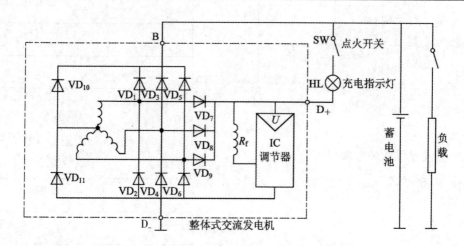

图 3-12 十一管交流发电机的整流器总成

七、硅整流发电机试验

1. 硅整流发电机的性能主要通过发电机空载和负载两个试验进行测试，请将试验数据填入表 3-1，并对发电机做出综合评价。

表 3-1 硅整流发电机试验数据

测试项目	检测内容		
	电压/V	电流/A	转速/(r/min)
空载试验			标准值	
			实测值	
负载试验			标准值	
			实测值	

2. 交流发电机的拆装与部件检修。当确认发电机有故障后，就需要解体发电机，对有关部件进行检修。以丰田汽车发电机拆装检修为例，可按图 3-13 所示的拆卸、分解、检修、组装、安装五个步骤进行。请分别填写表 3-2～表 3-5。

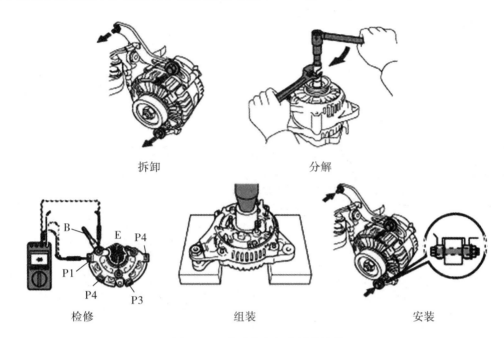

拆卸　　　　　　　　　分解

检修　　　　　　　　组装　　　　　　　　安装

图 3-13　交流发电机的拆装检修

表 3-2　发电机定子检测数据

序号	表笔位置	万用表量程	电阻值	检测结果判定	
1					
2					
3					

表 3-3　发电机转子检测数据

序号	表笔位置	万用表量程	电阻值	检测结果判定	
1					
2					导通
3					

表 3-4　发电机整流器检测数据

序号	红表笔	黑表笔	电阻值	好 坏	
1		A		□ □	
2	D	B		□ □	
3		C		□ □	
4	A			□ □	
5	B	D		□ □	
6	C			□ □	
说明：					

表 3-5　发电机电刷检测数据

序号	表笔位置	万用表量程	电阻值	检测结果判定
1	测量电刷架与端盖间的绝缘电阻			
2	测量电刷与电刷之间的绝缘电阻			

被测型号车辆发电机电刷长度标准值为_____，使用极限为_____。

发电机电刷

3. 根据实训车型查阅维修手册，分组制订发电机拆装及检测计划，完成表 3 - 6。

表 3 - 6　发电机拆装及检测计划

（一）作业前准备（小组分工合作）

序号	项目	作业记录	序号	项目	作业记录
1	车轮挡块		6		
2	方向盘套		7		
3	座椅套		8		
4	脚垫		9		
5	翼子板布		10		

（二）车辆初始化运转检查

序号	项目	作业记录	序号	项目	作业记录
1	发动机运转状况		4	充电指示灯状况	
2	发动机转速		5	故障灯指示状况	
3	仪表状况		6		

（三）就车检测发电机的电压

序号	检查内容及步骤	序号	检查内容及步骤
1		4	
2		5	
3		6	

（四）从汽车上拆装发电机

序号	检查内容及步骤	序号	检查内容及步骤	注意事项
1		4		
2		5		
3		6		

（五）发电机的分解

序号	检查内容及步骤	序号	检查内容及步骤	注意事项
1		4		
2		5		
3		6		

续表

（六）发电机解体检测

序号	检查内容	工具名称	检测情况	注意事项
1	发电机定子的检测			
2	发电机转子的检测			
3	整流器的检测			
4	电压调节器的检测			
5	电刷磨损的检测			
计划审核（教师）		年　月　日　签字：		
检测中出现的问题		经验总结及改进措施		
结论和维修建议				

4. 分组拆检交流发电机的考核标准如表 3-7 所示，请对照此标准为自己评分。你的得分是（　　）分。

表 3-7　拆检交流发电机的评分表

序号	作业项目	评分指标	配分	评分标准	评分
1	按步骤进行拆装	步骤正确，拆装规范	30	步骤错误一次，扣2分	
2	万用表的使用	能正确熟练使用万用表	5	不能正确使用，扣5分	
3	工具使用	正确规范熟练使用工具	5	使用工具不熟练，扣3分	
4	检测内容及方法	检测内容齐全，检测方法正确	30	检测内容少一项，扣5分；检测方法不正确，一次扣5分	
5	部件认知	能够正确认知发电机组成部件	20	认错一次扣3分	
6	安全生产	按操作规程文明生产，无事故发生	5	损坏实习用品及工具，扣5分；不文明语言，一次扣2分	
7	整理	整理工作场地	5	没有整理场地，扣5分	
8	分数总计				

思考与练习

1. 判断题。

（　　）(1) 汽车行驶中充电指示灯亮表示蓄电池处于充电状态。

（　　）(2) 转子的作用是产生三相交流电，定子的作用是产生旋转变化的磁场。

（　　）(3) 正二极管的引线是正极，壳体是负极，正二极管的壳体是发电机的输出正极。

（　　）(4) 正二极管导通原则是某一瞬间正极电位最高者优先导通，负二极管导通原则是某一瞬间负极电位最低者优先导通。

（　　）(5) 电压调节器的功用是使交流发电机输出电压在发动机所有工况下基本保持恒定。

2. 选择题

(1) 硅整流器中每个二极管在一个周期的连续导通时间为（　　）。

A. 1/2 周期　　　　　　　　B. 1/3 周期　　　　　　　　C. 1/4 周期

(2) 发电机调节器是通过调整（　　）来调整发电机电压的。

A. 发电机的转速　　　　B. 发电机的励磁电流　　　　C. 发电机的输出电流

(3) 交流发电机采用的整流电路是（　　）。

A. 单相半波　　　　　　　　　　　　B. 单相桥式

C. 三相半波　　　　　　　　　　　　D. 三相桥式

(4) 十一管整流的交流发电机有（　　）个负二极管。

A. 3　　　　　　　　B. 6　　　　　　　　C. 9　　　　　　　　D. 4

3. 简答题

简述集成电路(IC)电压调节器的工作过程。

_____

_____

┌─────────────┐
│ **学习体会** │
└─────────────┘

1. 你对活动中的哪个技能最感兴趣？为什么？

_____

_____

2. 你觉得活动中哪个技能最有用？为什么？

_____

_____

3. 你觉得活动中哪个技能的操作可以改进，以使操作更方便实用？请写出操作过程。

_____

_____

4. 你还有哪些要求与设想？

_____

_____

评价与反馈

学习评价目标	自评	互评	师评
1. 能识别发电机的各个部件，能正确识别和分离电子调压器和电刷架、电刷。			
2. 能正确识别和分离二极管的正、负极板；能正确检测正极二极管的正、反向电阻，并判别出其好坏。			
3. 能正确拆卸前、后端盖上的紧固螺钉。			
4. 对可拆卸式发电机能规范分离定子绕组与整流器的连接点。			
5. 能正确测量电刷磨损的长度，能正确测量电刷架的绝缘和搭铁绝缘状态。			
6. 能进行发电机各接线柱之间的电阻测量，并能判别出故障。			
7. 会进行发电机的分解工作，会进行发电机的检测工作。			
8. 操作过程中，安全措施到位。			
9. 操作过程中，无返工现象。			
10. 活动中，环保工作及安全工作做得好。			
总体评价		教师签名	

任务四　交流发电机充电系统故障诊断

学习目标

（1）掌握充电系统的线路连接及电流走向分析。

（2）掌握充电系统常见故障的检测方法和步骤。

任务情景描述

一辆吉利帝豪汽车，在发动机运转时，充电指示灯不亮，蓄电池亏电；关闭发动机，将点火开关置于"ON"挡，充电指示灯也不亮。这说明充电指示系统电路有故障。

教师引导学生对该车的电源系统进行检测，查出故障原因并进行修复。

学习准备

与车辆维修有关的许多操作都会影响人身安全或健康，因此所有作业与程序以及材料的处理均应以安全及健康为前提。在使用任何产品前，均应查阅由制造厂或供应商所提供的产品使用说明书。

检查蓄电池端子有无松动或腐蚀。检查发电机接线是否处于良好状态。检查发电机运转时有没有发出异常的噪声，如果有异常的噪声，则更换皮带轮或发电机。操作启动开关至 ON 位置，检查充电指示灯是否亮起。启动发动机然后检查充电指示灯是否熄灭，如果指示灯没有按规定熄灭，则应对充电指示灯电路进行故障排除。

完成本次任务需要哪些设备、工具和耗材？

设备：_____

工具：_____

耗材：_____

工作内容

一、充电系统电路分析

充电系统常见故障有不充电、充电电流过小、充电电流过大、充电不稳等。故障原因可能是风扇皮带打滑、发电机故障、调节器故障、磁场继电器故障、充电系统各连接线路有断路或短路故障，以及蓄电池、充电指示灯、点火开关等有故障。

以吉利帝豪汽车电源系统电路(见图 4-1)为例，进行故障诊断分析，填表 4-1。

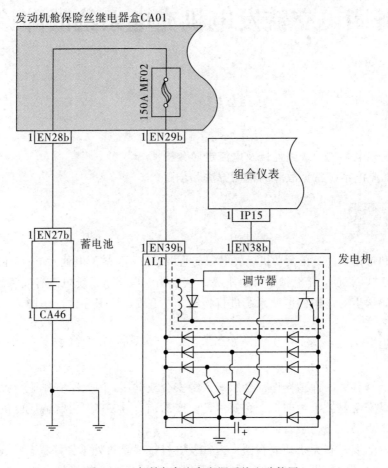

图 4-1 吉利帝豪汽车电源系统电路简图

表 4-1 充电系统的故障诊断分析

被测车型		发电机型号	
描述故障现象			
该车充电系统的主要组成元件			
分析交流发电机的整流电路、励磁电路和充电指示灯电路			
该车出现故障的主要原因			
故障诊断步骤	观察与测量结果		分析处理
通过小组分析，确定诊断流程，进行修复或更换			

二、故障诊断计划

根据各小组实训车型分组制订故障诊断计划，并完成表4-2。

表4-2　故障诊断计划表

（一）汽车充电系统故障现象描述					
（二）故障部位原因分析					
（三）检测维修工具					
序号	工具名称		数量	检查工具是否完好	
1					
2					
3					
（四）检测流程					
序号	项目	作业记录	序号	项目	作业记录
1			4		
2			5		
3			6		
结论和维修建议：					

三、充电系统电路的线路连接与故障诊断

1. 蓄电池性能判断。判断蓄电池充电完成的依据有哪些？

---

2. 根据电路图分析充电系统。凯越汽车采用内装集成电路调节器整体式交流发电机，充电系统电路如图 4-2 所示，其电压调节器采用的是发电机电压检测法。请对凯越汽车电源系统电路进行分析。

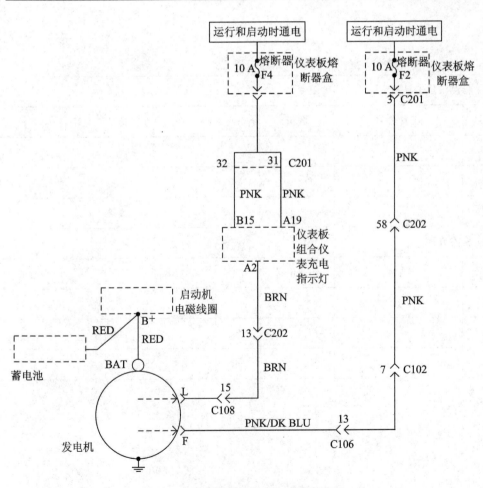

图 4-2　别克凯越汽车充电系统电路图

3. 发电机电路查询。填表 4 - 3，并完成后面的小题。

表 4 - 3　发电机电路查询

充电系统电路图在维修手册中页码			所查询的电路图在维修手册中的页码	
发电机插接器	针脚	颜色	线束说明	与模块导通针脚

（1）发电机上共有_____根线，颜色分别为_____。

（2）打开点火开关，测量三根线的电压，分别为_____ V、_____ V、_____ V。

（3）启动后测量三根线的电压，分别为_____ V、_____ V、_____ V。

（4）拔掉 F2 保险丝，观察转向灯、倒车灯、充电指示灯的状态，这时发电机还发电吗？

_____

（5）思考与讨论：充电指示灯不亮就代表发电机没问题吗？为什么？

_____

_____

4. 无负荷测试。启动发动机，转速稳定在_____ r/min；测量蓄电池电压，测量值为_____ V，由此可判断发电电压_____（正常/不正常）。

5. 负荷测试。启动发动机，开启汽车一切电器设备到最大负荷。将发动机速度增加至_____ r/min，测得蓄电池电压值为_____ V，此值比静态电压值大_____ V，由此可判断发电电压_____（正常/不正常）。

6. 测量发电机发电电流。

（1）操作车辆，并将对应的电流值（体现正负值）填入表 4 - 3。

表 4 - 3　电流值记录表

操作	点火开关关闭	启动瞬间	启动 5s 后	开大灯远光	打开鼓风机
电流值/A					

（2）随着用电负载的增多，发电电流会如何变化？

_____

_____

思考与练习

1. 填空题。

(1) 发电机定子绕组有_____和_____两种连接形式,现代汽车多为_____连接。

(2) 交流发电机的接地形式有_____和_____之分。

2. 判断题。

( )(1) 交流发电机的激磁方法为:先他激,后自激。

( )(2) 内搭铁电子调节器和外搭铁调节器可以互换使用。

( )(3) 交流发电机中性点 N 的输出电压约为发电机输出电压的一半。

3. 选择题。

(1) 要检查硅二极管是否断路或短路,需用( )来检测。

A. 兆欧表   B. 万用表   C. 百分表   D. 其他表

(2) 外搭铁式电压调节器中的大功率三极管接在调节器的( )。

A. "B"与"E"之间   B. "B"与"F"之间   C. "F"与"E"之间

学习体会

1. 你对活动中的哪个技能最感兴趣?为什么?

_____

2. 你觉得活动中哪个技能最有用?为什么?

_____

3. 你觉得活动中哪个技能的操作可以改进,以使操作更方便实用?请写出操作过程。

_____

4. 你还有哪些要求与设想?

_____

评价与反馈

根据学习体会,对汽车充电系统检修过程进行总结。

_____

_____

任务五　启动机的结构与检测

（1）能识别启动系统各元件，并知道其在汽车上的安装位置。

（2）掌握启动机的结构、工作原理和特性。

（3）会分析启动机电路的电流走向及工作过程。

（4）能进行启动机的拆装、检测与分析。

（5）能看懂不同车型的启动电路图。

┌───────────┐
│ 任务情景描述 │
└───────────┘

　　一顾客描述其伊兰特汽车接通点火开关后，启动机快速转动但发动机却无法启动，也听不到齿轮的摩擦声和"嗒、嗒"的声音。

　　通过收集车辆和顾客信息，老师讲解启动机的结构和原理，学生了解故障现象和部位；查阅资料，了解不同车型启动机的相关知识。

┌─────────┐
│ 学习准备 │
└─────────┘

　　与车辆维修有关的许多操作都会影响人身安全或健康，因此所有作业与程序以及材料的处理均应以安全及健康为前提。在使用任何产品前，均应查阅由制造厂或供应商所提供的产品使用说明书。

　　检查蓄电池安装是否正确。测试蓄电池的状态，蓄电池电压不得小于 11 V。检查相关导线是否存在损坏，检查启动机电机、启动机电磁开关、启动开关、蓄电池和所有相关接地点的连接是否可靠。

　　完成本次任务需要哪些设备、工具和耗材？

　　设备：＿＿＿＿＿＿＿＿＿＿＿＿＿＿＿＿＿＿＿＿＿＿＿＿＿＿＿＿＿＿＿＿

　　工具：＿＿＿＿＿＿＿＿＿＿＿＿＿＿＿＿＿＿＿＿＿＿＿＿＿＿＿＿＿＿＿＿

　　耗材：＿＿＿＿＿＿＿＿＿＿＿＿＿＿＿＿＿＿＿＿＿＿＿＿＿＿＿＿＿＿＿＿

┌─────────┐
│ 工作内容 │
└─────────┘

一、启动机的结构

　　1.汽车启动机由＿＿＿＿＿＿、＿＿＿＿＿＿、＿＿＿＿＿＿三大部分组成，其中

_____的作用是将蓄电池输入的电能转换为机械能，产生电磁转矩。

2. 写出图 5-1 中①~④的名称。

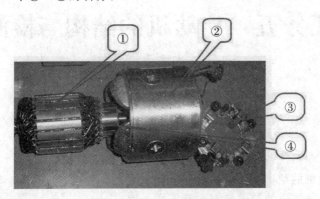

图 5-1　启动机

①—_____；②—_____；③—_____；④—_____。

3. 启动机电磁开关的_____线圈直接搭铁，_____线圈通过电动机内部搭铁。

4. 启动机的传动机构主要由_____、_____、_____等组成。

5. 了解启动机的组成，完成表 5-1。

表 5-1　启动机的组成及其作用

序号	名　称	作　用	图　示
1	直流串励式电动机		
2	传动机构		
3	电磁开关		

6. 了解电磁开关结构，完成表 5-2。

表 5-2　电磁开关的结构及各部件作用

序号	名称	作　用	图　示
1	吸引线圈		
2	保持线圈		
3	柱塞铁芯		
4	主触点		

7. 了解直流串励式电动机的结构，完成表5-3。

表5-3　直流串励式电动机的结构及其作用

序号	名称	作　用	图　　　示
1	机壳		
2	磁极		
3	电枢		
4	换向器		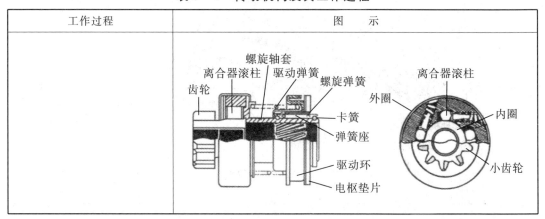
5	电刷		
6	端盖		

8. 了解传动机构，完成表5-4。

表5-4　传动机构及其工作过程

工作过程	图　　　示
	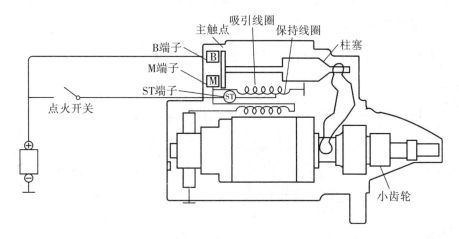

9. 结合图5-2所示的启动机控制系统原理图完成表5-5（即在相应关键词处画√），并叙述启动系统的工作过程。

图5-2　启动机的控制原理

表 5-5 点火开关接通后启动机的工作情况

序号	名称	刚接通点火开关启动挡	接触片与触点接合	断开点火开关启动挡
1	吸引线圈	有电□　无电□	有电□　无电□	有电□　无电□
2	保持线圈	有电□　无电□	有电□　无电□	有电□　无电□
3	接触盘	左移□　右移□	左移□　右移□	左移□　右移□
4	电动机	工作□　不工作□	工作□　不工作□	工作□　不工作□
5	驱动齿轮	转动(左移□右移□)	转动(左移□右移□)	转动(左移□右移□)

10. 根据图 5-3 描述减速启动机的工作过程。

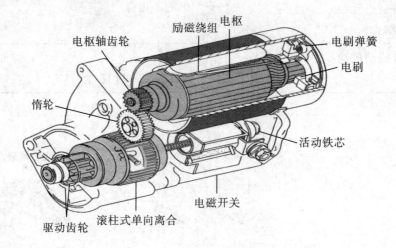

图 5-3　减速启动机的结构

_____

_____

_____

二、启动机的检修

1. 依照图 5-4 写出检测项目的名称及正常值。

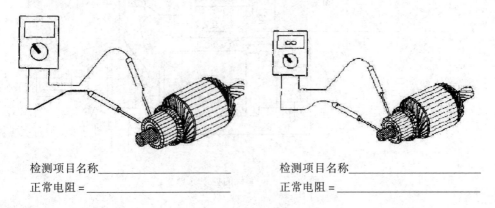

检测项目名称_____　　检测项目名称_____

正常电阻 = _____　　　正常电阻 = _____

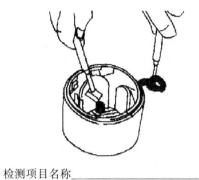

检测项目名称_____　　　　检测项目名称_____

正常电阻 =_____　　　　正常电阻 =_____

图 5-4　启动机的检测

2. 启动机空载试验时，若空载电流偏小，转速偏低，则可能的故障原因是：_____

_____。

3. 启动机全制动试验时，若测得制动电流大于标准值，而转矩小于标准值，则可能的故障原因是：_____。

4. 启动继电器的作用是：_____。

三、启动机的拆装与检测

1. 依据启动机的拆装与检测过程，完成表 5-6。

表 5-6　启动机的拆装与检测

（一）作业前准备					
序号	项目	作业记录	序号	项目	作业记录
1	车轮挡块		4	翼子板护围	
2	方向盘套		5	脚垫	
3	座椅套		6		

（二）车辆初始化运转检查					
序号	项目	作业记录	序号	项目	作业记录
1	启动机运转状况		4	充电指示灯状况	
2	启动机转速		5	故障灯状况	
3	仪表状况		6		

（三）就车检测启动机的电压					
序号	检查内容及步骤	检查工具是否完好	序号	检查内容及步骤	检查工具是否完好
1			3		
2			4		

（四）从汽车上拆装启动机			
序号	检查内容及步骤	序号	检查内容及步骤
1		4	
2		5	
3		6	

注意事项：

（五）启动机的分解			
序号	检查内容及步骤	序号	检查内容及步骤
1		4	
2		5	
3		6	

注意事项：

（六）启动机解体检测			
序号	检测项目及步骤	工具名称	检测情况及结论
1	磁场绕组	磁场绕组断路的检查		
		磁场绕组搭铁的检查		
		磁场绕组短路的检查		
2	电枢绕组	断路检查		
		搭铁检查		
		短路检查		
3	电枢轴弯曲度		
4	电刷高度		
5	电磁开关线圈	吸引线圈电阻值		
		保持线圈的阻值		
计划审核（教师/小组长）		年　　月　　日　　签字：	
检测中出现的问题：		经验总结及改进措施：	

2. 分组并按表 5-7 的标准进行启动机的拆检考核，你的考核分是(　　)分。

表 5-7　启动机的拆检考核标准

序号	作业项目	评分指标	配分	评分标准	评分
1	按步骤进行拆装	步骤正确，拆装规范	30	步骤错误一次，扣 2 分	
2	万用表的使用	正确熟练使用万用表	5	不能正确使用，扣 5 分	
3	工具使用	正确规范熟练使用工具	5	使用工具不熟练，扣 3 分	
4	检测内容及方法	检测内容齐全，检测方法正确	30	检测内容少一项，扣 5 分；检测方法不正确，一次扣 5 分	
5	部件认知	正确认知发电机组成部件	20	认错一次扣 3 分	
6	安全生产	按操作规程文明生产，无事故发生	5	损坏实习用品及工具，扣 5 分；不文明语言，一次扣 2 分	
7	整理	整理工作场地	5	没有整理场地，扣 5 分	
8	分数总计		100		

思考与练习

1. 判断题(对打"√"，错打"×")。

(　　)(1) 串励直流式电动机中，"串励"的含义是四个励磁绕组相串联。

(　　)(2) 启动机转速愈高，流过启动机的电流愈大。

(　　)(3) 功率较大的启动机可在轻载或空载下运行。

(　　)(4) 判断启动机电磁开关中吸引线圈和保持线圈是否已损坏，应以通电情况下看其能否有力地吸动活动铁芯为准。

(　　)(5) 单向滚柱式啮合器的外壳与十字块之间的间隙是宽窄不等的。

2. 选择题。

(1) 讨论启动机磁场线圈与电枢线圈的连接方式，甲认为串联，乙认为并联，你认为(　　)。

A. 甲对　　　　　　　　　　　　B. 乙对

C. 甲乙都对　　　　　　　　　　D. 甲乙都不对

(2) 为了获得足够的转矩，通过电枢绕组的电流很大，一般汽油机的启动电流为(　　)。

A. 20~60 A　　　　　　　　　　B. 100~200 A

C. 200~600 A　　　　　　　　　D. 2000~6000 A

(3) 启动机无力启动，短接启动开关两主线柱后，启动机转动仍然缓慢无力，甲认为启动机本身故障，乙认为电池电量不足，你认为(　　)。

A. 甲对　　　　　　　　　　　　B. 乙对

C. 甲乙都对　　　　　　　　　　D. 甲乙都不对

学习体会

1. 你对活动中的哪个技能最感兴趣？为什么？

_____

_____

2. 你觉得活动中哪个技能最有用？为什么？

_____

_____

3. 你觉得活动中哪个技能的操作可以改进，以使操作更方便实用？请写出操作过程。

_____

_____

4. 你还有哪些要求与设想？

_____

_____

评价与反馈

学习评价指标	自评	互评	师评
1. 能正确分解启动机。			
2. 能正确装复启动机。			
3. 能拆下启动机上的器件，并做好清洁工作。			
4. 会调节电枢轴向间隙。			
5. 能正确检测定子绕组的性能和转子绕组的性能。			
6. 能正确检测电磁开关的保持线圈功能和吸引线圈功能。			
7. 能正确检测单向离合器和电刷弹簧弹力。			
8. 能正确进行换向器云母绝缘层的检测。			
9. 操作过程中，无返工现象。			
10. 活动中，环保工作及安全工作做得好。			
总体评价		教师签名	

任务六　启动系统故障诊断

学习目标

（1）学会使用维修手册收集相关资料。

（2）掌握检修启动系统的相关技术规范、规定和标准，并能规范操作。

（3）掌握启动系统的线路连接，能够排除启动系统的故障。

（4）能对启动系统的检测和维修工作进行详细记录，并能说明工作种类和工作量。

（5）在检测并排除启动系统故障、验收车辆时，能如实地履行安全工作和环境保护的规定，爱护工具设备，维护实训场地的清洁。

任务情景描述

一辆伊兰特汽车启动系统不工作，要求对该车的启动系统进行检测，查出故障原因并进行修复。

记录故障现象，学习制订不同故障的维修工作计划。

学习准备

与车辆维修有关的许多操作都会影响人身安全或健康，因此所有作业与程序以及材料的处理均应以安全及健康为前提。在使用任何产品前，均应查阅由制造厂或供应商所提供的产品使用说明书。

检查蓄电池安装是否正确。测试蓄电池的状态，蓄电池电压不得小于 11 V。检查相关导线是否存在损坏，检查启动机电机、启动机电磁开关、启动开关、蓄电池和所有相关接地点的连接是否可靠。

完成本次任务需要哪些设备、工具和耗材？

设备：＿＿＿＿＿＿＿＿＿＿＿＿＿＿＿＿＿＿＿＿＿＿＿＿＿＿＿＿＿＿＿＿

工具：＿＿＿＿＿＿＿＿＿＿＿＿＿＿＿＿＿＿＿＿＿＿＿＿＿＿＿＿＿＿＿＿

耗材：＿＿＿＿＿＿＿＿＿＿＿＿＿＿＿＿＿＿＿＿＿＿＿＿＿＿＿＿＿＿＿＿

工作内容

一、启动机的控制

1. 将图 6-1 所示的启动机控制电路补充完整。

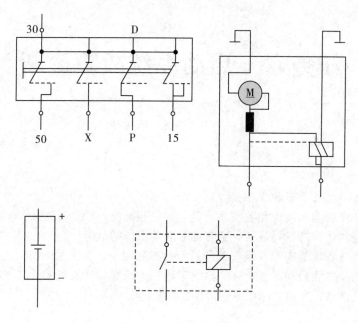

图 6-1　启动机控制电路

2. 根据图 6-1 写出启动机控制原理。

_____

_____

_____

_____

二、启动系统的故障诊断

1. 当把一辆汽车的点火开关置于启动位置时，仅发出极高的"咔哒"声，但启动机不转动，发动机也不启动。请说明可能的原因。

_____

_____

2. 启动机启动无力，请写出故障的部位及诊断方法。

_____

_____

3. 启动机不能启动，写出故障部位及诊断方法。

_____

_____

4. 根据实训车型分组制订故障诊断计划，完成表 6-1。

表 6-1　启动系统的故障诊断计划表

（一）汽车启动系统故障现象描述
（二）故障部位原因分析
（三）根据实训车型画出启动电路图
（四）检测维修工具

序号	工具名称	数量	检查工具是否完好
1			
2			
3			

（五）检测流程

序号	项目	作业记录	序号	项目	作业记录
1			4		
2			5		
3			6		

结论和维修建议：

计划审核（教师）　　　　　　　　　　　年　　月　　日　　签名：

5. 伊兰特汽车启动系统电路图如图 6-2 所示，对其启动系统电路图进行分析。

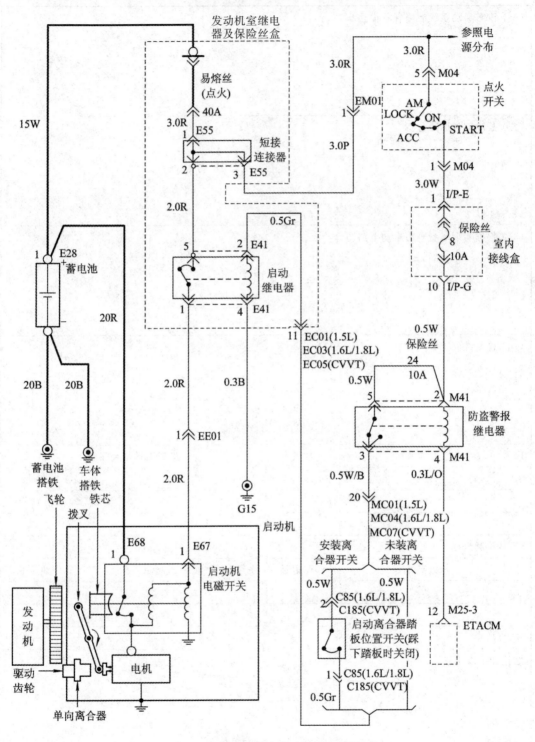

图 6-2　伊兰特汽车启动系统电路图

（1）启动机上一共有_____个端子。

（2）_____颜色端子为电磁开关的线，_____颜色为到电池的电源线。

（3）正常启动时电磁开关的线电压应为＿＿＿＿＿＿＿＿ V。

（4）如果测得电瓶电压为 12 V，启动机电压为 10 V，那么你认为有可能是什么原因导致的？

_____

_____

（5）启动系统空载测试。用台钳固定启动机（注意使用铝板垫布），正确连接好励磁线圈引线；按图 6-3 所示方式，使用一根 3 头导线分别连接蓄电池电源以及"点火开关"端子、"＋B"端子，另一根导线连接启动机壳体与蓄电池的负极（暂时不连接蓄电池负极）；使用电压表的红、黑表笔分别连接蓄电池的正、负极；使用万用表的电流钳夹住正极导线，使箭头朝向启动机一侧。接通蓄电池负极，运转启动机，测得启动电流为＿＿＿＿＿＿＿＿ A，对应的启动电压为＿＿＿＿＿＿＿＿ V。如果启动电流过大，则可能的原因为：＿＿＿＿＿＿＿＿＿＿＿＿＿。

（6）启动系统负载测试。确认蓄电池充电充足，使用电流钳、万用表按图 6-4 所示方式进行连接；确保发动机不能着车，但可以启动马达（断开曲轴、凸轮轴传感器，或者断开喷油器插头）。

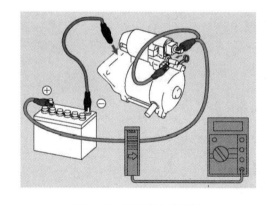

图 6-3　启动机空载测试

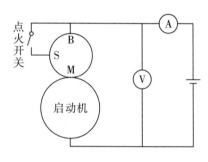

图 6-4　连接方式

由以上测试可知，启动电流为＿＿＿＿＿＿＿＿ A，启动电压为＿＿＿＿＿＿＿＿ V。

启动电流在冷车及热车时是否一样？为什么？＿＿＿＿＿＿＿＿＿＿＿＿＿＿＿＿＿。

如果启动电流过大，则可能的原因为：＿＿＿＿＿＿＿＿＿＿＿＿＿＿＿＿＿＿。

如果启动电流过小，则可能的原因为：＿＿＿＿＿＿＿＿＿＿＿＿＿＿＿＿＿＿。

如果启动电压过小，则可能的原因为：＿＿＿＿＿＿＿＿＿＿＿＿＿＿＿＿＿＿。

6.现在你是否能够对启动机的好坏进行判断？　　　　　是□　　　　　否□

思考与练习

1.判断题（对打"√"，错打"×"）。

（　　）（1）启动机开关断开而停止工作时，继电器的触点张开，保持线圈的电路便改道，经吸引线圈、电动机开关回到蓄电池的正极。

（　　）（2）启动机电磁开关保持线圈开路时，在启动过程电磁开关会出现反复咔达声。

（　　）（3）启动机空载测试时，转速过高，耗电过大，表明电枢绕组有短路。

2. 选择题。

（1）启动机在汽车的启动过程中，（　　）。

A. 先接通启动电源，然后让启动机驱动齿轮与发动机飞轮齿圈正确啮合

B. 先让启动机驱动齿轮与发动机飞轮齿圈正确啮合，然后接通启动电源

C. 接通启动电源的同时，让启动机驱动齿轮与发动机飞轮齿圈正确啮合

D. 以上都不对

（2）启动系统故障分析：点火开关在启动位置时，不能启动，但有磁吸声，用一字刀短接电源线柱与磁吸开关线柱，能启动着车。甲认为控制线电流过小，导致磁吸力不足，乙认为启动继电器触点接触不良或连接线接触不良。你认为（　　）。

A. 甲对　　　　　B. 乙对　　　　　C. 甲乙都对　　　　　D. 甲乙都不对

（3）启动机电刷的高度如不符合要求，则应予以更换。一般电刷高度不应低于标准高度的（　　）。

A. 1/2　　　　　B. 2/3　　　　　C. 1/4　　　　　D. 1/5

学习体会

1. 你对活动中的哪个技能最感兴趣？为什么？

_____

2. 你觉得活动中哪个技能最有用？为什么？

_____

3. 你觉得活动中哪个技能的操作可以改进，以使操作更方便实用？请写出操作过程。

_____

4. 你还有哪些要求与设想？

_____

评价与反馈

_____

_____

任务七　点火系统的组成与检测

学习目标

(1) 能借助维修手册,选择合适的维修工具,对汽车点火系统设备进行检查和维修。

(2) 能够检测汽车转速信号,进行波形分析及点火线圈、火花塞的检测。

(3) 了解点火系统的组成部件及各部件的作用。

任务情景描述

一客户反映其车辆发动机启动困难、无力,甚至有熄火现象。初步检查,发现火花塞电极积碳粘连严重,导致点火系统无法正常工作。

要求对点火系统各元件进行检测,记录检测数据,判定各元件的性能,并排除故障。

学习准备

与车辆维修有关的许多操作都会影响人身安全或健康,因此所有作业与程序以及材料的处理均应以安全及健康为前提。在使用任何产品前,均应查阅由制造厂或供应商所提供的产品使用说明书。

检查点火开关是否正常。检查火花塞跳火是否正常,火花塞电极间隙是否正常。检查点火线圈是否正常。火花塞顶端起疤、破坏或电极熔化、烧蚀都表明火花塞已经毁坏,应进行更换。更换时应检查烧蚀的症状以及颜色的变化,以便分析产生故障的原因。

完成本次任务需要哪些设备、工具和耗材?

设备:＿＿＿＿＿＿＿＿＿＿＿＿＿＿＿＿＿＿＿＿＿＿＿＿＿＿＿＿＿＿＿＿＿＿＿＿

工具:＿＿＿＿＿＿＿＿＿＿＿＿＿＿＿＿＿＿＿＿＿＿＿＿＿＿＿＿＿＿＿＿＿＿＿＿

耗材:＿＿＿＿＿＿＿＿＿＿＿＿＿＿＿＿＿＿＿＿＿＿＿＿＿＿＿＿＿＿＿＿＿＿＿＿

工作内容

一、点火系统的组成与功能

1. 点火系统要在发动机各工况和使用条件下,都能保证可靠而准确地点燃可燃混合气,那么点火系统的基本要求有哪些?

(1) _____

(2) _____

(3) _____

2. 汽油发电机点火系统承担了哪些任务？

_____

_____

_____

3. 根据图 7-1，完成表 7-1。

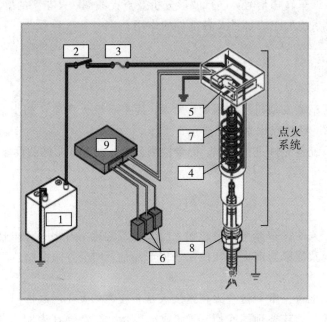

图 7-1　点火系统装置

表 7-1　点火系统部件名称及作用

编号	部 件 名 称	作　　用
1		
2		
3		
4		
5		
6		
7		
8		
9		

二、火花塞的检测

1. 叙述火花塞的工作原理。火花塞的热特性对发动机的工作有何影响？

_____

_____

_____

_____

_____

_____

2. 对电极间隙测量而言，下面哪一个显示的是正确位置？（　　　）

A. 　　　B.

C. 　　　D.

3. 从下列各项中选择出有关火花塞正确状态的描述。（　　　）

A. 绝缘子变为棕色　　　　　　　B. 电极边缘变圆

C. 整个表面变黑　　　　　　　　D. 绝缘子变为白色

4. 选择火花塞正确维护的描述。（　　　）

A. 在电阻火花塞上，不要求检查火花塞间隙。

B. 对于白金火花塞，如果变脏，则使用钢丝刷清理。

C. 对于铱金火花塞，如果变脏，则使用火花塞清理器进行清理，不得使用钢丝刷。

D. 对于铱金火花塞，无需进行火花塞间隙检查。如果火花塞变脏，则予以更换。

5. 如何根据火花塞的热特性选择火花塞？

（1）热型火花塞：_____。

（2）冷型火花塞：_____。

6. 火花塞的故障及检修。

火花塞的故障有：_____等。

火花塞电极间隙检查应使用_____，不得使用普通塞尺。火花塞的间隙因车型车种的不同而异，如果间隙不符合标准，则应用专用工具弯曲（侧电极）进行调整。

7. 标明图 7-2 所示火花塞部件的名称。

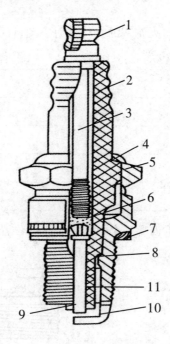

图 7-2　火花塞的结构

1—＿＿＿＿＿＿＿＿＿；2—＿＿＿＿＿＿＿＿＿；

3—＿＿＿＿＿＿＿＿＿；4—＿＿＿＿＿＿＿＿＿；

5—＿＿＿＿＿＿＿＿＿；6—＿＿＿＿＿＿＿＿＿；

7—＿＿＿＿＿＿＿＿＿；8—＿＿＿＿＿＿＿＿＿；

9—＿＿＿＿＿＿＿＿＿；10—＿＿＿＿＿＿＿＿＿；

11—＿＿＿＿＿＿＿＿＿。

三、点火线圈的检修

1. 点火线圈的主要故障有：＿＿＿＿＿＿＿＿＿＿＿＿＿＿＿＿＿＿＿＿＿＿。

2. 用万用表测量点火线圈的初级绕组、次级绕组的电阻值。初级绕组的电阻值为＿＿＿＿＿＿＿ Ω，次级绕组的电阻值为＿＿＿＿＿＿＿ kΩ。

思考与练习

1. 填空题。

（1）点火系统的作用：在发动机各种工况和使用条件下都能可靠而准确地产生＿＿＿＿＿＿＿，点燃气缸中的＿＿＿＿＿＿＿。

（2）闭磁路点火线圈的铁芯做成＿＿＿＿＿＿＿字形，初级绕组在铁芯中的磁通，可通过铁芯形成＿＿＿＿＿＿＿，故称为闭磁路式。

（3）点火提前角是指从点火开始到活塞上行至上止点止，_____所转过的角度。

（4）火花塞的热特性主要取决于绝缘体裙部的_____。_____火花塞用于低压缩比、低转速、小功率的发动机中，_____火花塞用于功率大、转速高和压缩比大的发动机中。

2. 判断题。

（　　）（1）发动机转速加快，点火提前角应适度减小。

（　　）（2）发动机负荷减小，点火提前角应加大。

3. 选择题。

（1）火花塞的自净温度为（　　）。

A. 400～500℃　　　　　　B. 500～650℃　　　　　　C. 650～800℃

（2）发动机在怠速时突然加速，如转速能迅速增加，仅有轻微的爆燃敲击声并即消失，表明点火（　　）。

A. 过早　　　　　　　　B. 正时　　　　　　　　C. 过迟

（3）在讨论火花塞的间隙对点火质量的影响时，甲说如果间隙过大，则发动机启动困难；乙说如果间隙过小，则发动机启动困难。你认为（　　）。

A. 甲是对的　　　　　　B. 乙是对的　　　　　　C. 甲乙都对

学习体会

1. 你对活动中的哪个技能最感兴趣？为什么？

_____

_____

2. 你觉得活动中哪个技能最有用？为什么？

_____

_____

3. 你觉得活动中哪个技能的操作可以改进，以使操作更方便实用？请写出操作过程。

_____

_____

4. 你还有哪些要求与设想？

_____

_____

评价与反馈

对本任务，你有何想法？

_____

_____

_____

_____

任务八　晶体管点火系统故障诊断

学习目标

（1）熟悉点火系统各主要元件的作用、结构组成与工作原理。

（2）掌握电子点火系统的线路连接和电路分析方法。

（3）掌握电子点火系统的故障诊断和排除方法。

（4）能通过检测设备，对点火系统常见故障进行正确的诊断与排除。

任务情景描述

　　一辆采用磁感应式电子点火系统的北京切诺基吉普车，发动机不能启动。初步检查，发现高压无火，判断点火系统有故障。

　　要求对点火系统各元件进行检测，记录故障现象和检测数据，判定各元件的性能，排除故障。

学习准备

　　与车辆维修有关的许多操作都会影响人身安全或健康，因此所有作业与程序以及材料的处理均应以安全及健康为前提。在使用任何产品前，均应查阅由制造厂或供应商所提供的产品使用说明书。

　　火花塞绝缘体的顶端和电极间有时会黏有沉积物，严重时会造成发动机不能工作，清洁火花塞可暂时予以补救。为了保持良好的性能，必须查明故障根源。在对点火线圈做跳火试验时，禁止点火线圈直接与接地点接触，因为这样可能会损坏点火线圈或者发动机控制模块。注意在更换部件时，要关闭电源。

　　完成本次任务需要哪些设备、工具和耗材？

设备：＿＿＿＿＿＿＿＿＿＿＿＿＿＿＿＿＿＿＿＿＿＿＿＿＿＿＿＿＿＿＿＿＿＿＿＿＿

工具：＿＿＿＿＿＿＿＿＿＿＿＿＿＿＿＿＿＿＿＿＿＿＿＿＿＿＿＿＿＿＿＿＿＿＿＿＿

耗材：＿＿＿＿＿＿＿＿＿＿＿＿＿＿＿＿＿＿＿＿＿＿＿＿＿＿＿＿＿＿＿＿＿＿＿＿＿

工作内容

一、晶体管点火系统的工作原理

1. 简述电磁感应式电子点火装置（见图 8-1）的工作原理，并在图 8-2 中画出电磁输出信号波形。

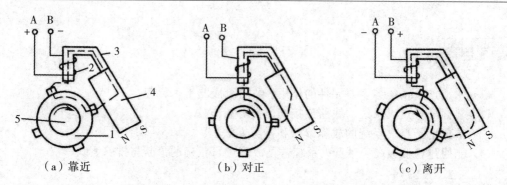

（a）靠近　　　　　　（b）对正　　　　　　（c）离开

1—信号转子；2—传感线圈；3—衔铁；4—永久磁铁；5—分电器轴

图 8-1　磁脉冲信号发生器

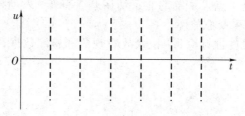

图 8-2　电磁输出信号波形

2. 简述霍尔效应式电子点火装置（见图 8-3）的工作原理，并在图 8-4 中画出霍尔输出信号波形。

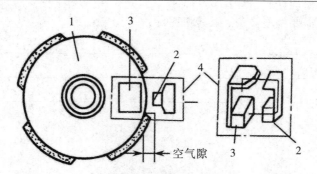

1—触发叶轮；2—霍尔集成块；3—带导板的永久磁铁；4—霍尔传感器

图 8-3　霍尔信号发生器

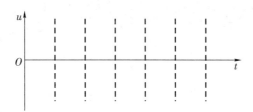

图 8-4　霍尔输出信号波形

3. 简述光电式电子点火装置的工作原理。

_____

_____

_____

_____

4. 普通电子点火系统一般由电源、点火开关、电子点火器、无触点分电器、火花塞等组成，请写出图 8-5 中标注部件的名称。

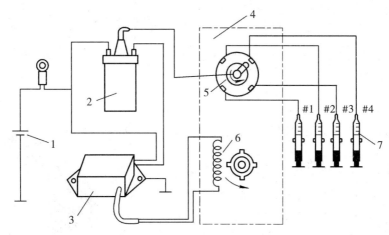

图 8-5　无触点电子点火系统的组成

1—_____；2—_____；3—_____；4—_____；
5—_____；6—_____；7—_____。

二、故障诊断与排除

1. 叙述晶体管点火系统故障诊断与排除的一般程序。

_____

_____

_____

_____

2. 如何检查霍尔效应式点火系统的点火信号发生器和电子点火器?

_____

_____

_____

_____

3. 磁感应式点火信号发生器的检查。检查转子凸齿与定子铁芯或凸齿之间的气隙,将检测参数填在表8-1中;检测感应线圈的电阻,将检测参数填在表8-1中,并与标准值比较。

表 8-1　磁感应式点火信号发生器的检测参数

检测车型	气隙/mm	测量值/mm	线圈电阻/Ω	测量值/Ω	备注

4. 简述如何利用图8-6所示正时灯进行点火正时的检查与调整。

_____

_____

_____

5. 利用图8-6所示正时灯进行点火正时的检查与调整,并回答以下问题。

(1) 从哪里找到红色正时标记?(可以多选)(　　　)

A. 可以从分电器转子上找到红色正时标记

B. 可以从飞轮或驱动盘上找到红色正时标记

C. 可以从曲轴皮带轮上找到红色正时标记

D. 可以从凸轮轴皮带轮上找到红色正时标记

(2) 红色正时标记指示的是下列哪一项?(　　　)

A. 1号气缸的上止点(TDC)

B. 1号气缸的基本正时角

C. 1号气缸的喷射正时

D. 1号气缸的气门开启角

图 8-6　点火正时灯

(3) 选择出点火正时检查时要求得到满足的所有条件。(　　　)

A. 发动机应当处于冷态

B. 发动机应暖机且冷却风扇不工作

C. 所有电气部件均应接通

D. 发动机应处于转速正确的怠速状态

E. 点火正时不应由ECM或真空来控制

F. 发动机转速应保持在 3000 r/min

（4）正时灯应连接到哪个部位？（　　）

A. 正时灯将连接到 1 号点火线

B. 正时灯将连接到 2 号点火线

C. 正时灯将连接到 3 号点火线

D. 正时灯将连接到 4 号点火线

（5）图 8 - 7 所示的三种状态分别对应哪一个？

A. 提前

B. 延迟

C. 基本正时

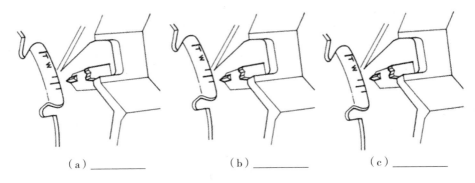

（a）＿＿＿＿＿　　　　　（b）＿＿＿＿＿　　　　　（c）＿＿＿＿＿

图 8 - 7　点火的三种状态

（6）如图 8 - 8 所示，当点火正时提前或滞后于其限制范围时，应向哪个方向转动分电器？

当点火正时提前于其限制范围时：＿＿＿＿＿＿＿＿＿＿＿＿＿。

当点火正时滞后于其限制范围时：＿＿＿＿＿＿＿＿＿＿＿＿＿。

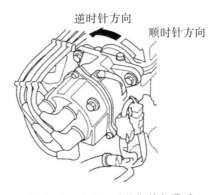

图 8 - 8　点火正时的提前与滞后

思考与练习

1. 判断题（对打"√"，错打"×"）。

（　　）（1）离心提前机构在发动机负荷变化时自动调节点火提前角。

（　　　）(2) 判断电子点火系统的故障在低压电路还是高压电路的方法与传统点火系统的基本相同。

（　　　）(3) 磁感应式信号发生器能产生信号电压的关键是在转子旋转时，使转子与定子凸齿之间的气隙（也可以说磁阻）发生周期性的变化。

（　　　）(4) 霍尔发生器中的霍尔集成电路是为了把信号电压放大并转换成矩形脉冲。

2. 选择题。

(1) 电子点火系统中使用的火花塞的间隙通常为（　　　）。

A. 0.4～0.6 mm　　　　　B. 0.6～0.8 mm　　　　　C. 0.8～1.0 mm

(2) 大功率高压缩比的发动机一般选用（　　　）。

A. 热型火花塞　　　　　B. 中型火花塞　　　　　C. 冷型火花塞

(3) 在讨论转速和负荷对点火提前角的影响时，甲认为在发动机转速和负荷变化时点火提前角是呈线性变化的；乙认为转速与负荷变化时，点火提前角不是按线性规律变化的。你认为（　　　）。

A. 甲对　　　　　B. 乙对　　　　　C. 甲乙都不对

学习体会

1. 你对活动中的哪个技能最感兴趣？为什么？

_____

2. 你觉得活动中哪个技能最有用？为什么？

_____

3. 你觉得活动中哪个技能的操作可以改进，以使操作更方便实用？请写出操作过程。

_____

4. 你还有哪些要求与设想？

_____

_____

评价与反馈

_____

_____

_____

_____

任务九　微机控制点火系统故障诊断

学习目标

（1）能借助维修手册，选择合适的维修工具，对汽车点火系统设备进行检查和维修。

（2）熟悉微机控制点火系统各主要元件的作用、结构组成与工作原理。

（3）能与顾客和同事进行有效沟通，并对工作情况进行说明。

（4）能进行微机控制点火系统的故障诊断和排除。

（5）能通过检测设备，对点火系统常见故障进行正确的诊断与排除。

（6）能了解并遵守用电安全、生产条例。

任务情景描述

一车主反映其吉利帝豪汽车发动机不能启动，初步检查，发现高压无火，判断点火系统有故障。

要求学习制订故障维修工作计划，对故障车的点火系统进行检测，查出故障原因并进行修复，记录工作过程及检测数据，将车辆数据填入检测报告。

学习准备

与车辆维修有关的许多操作都会影响人身安全或健康，因此所有作业与程序以及材料的处理均应以安全及健康为前提。在使用任何产品前，均应查阅由制造厂或供应商所提供的产品使用说明书。

在检修火花塞不跳火故障前，首先确定主继电器有无电源输出。在诊断火花塞不跳火故障前，先确认发动机防盗锁止系统未激活，且工作正常。

在对点火线圈做跳火试验时，禁止点火线圈直接与接地点接触，因为这样可能会损坏点火线圈或者发动机控制模块。正确的方法是利用一个完好的火花塞，一端连接点火线圈，一端可靠接地。

完成本次任务需要哪些设备、工具和耗材？

设备：_____

工具：_____

耗材：_____

工作内容

一、微机控制点火系统的基本组成

1. 根据图 9-1 写出微机点火系统各传感器的作用。

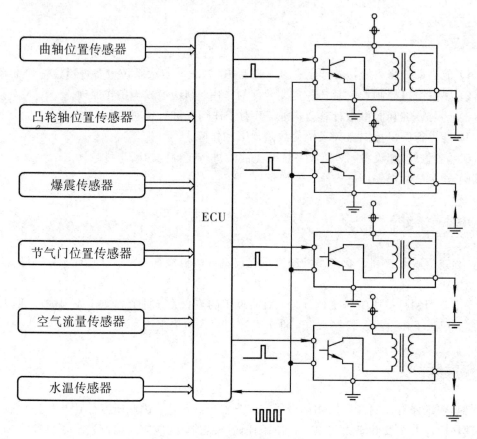

图 9-1　微机控制点火系统

曲轴位置传感器：＿＿＿＿＿＿＿＿＿＿＿＿＿＿＿＿＿＿＿＿＿＿＿＿＿＿＿＿＿。

凸轮轴位置传感器：＿＿＿＿＿＿＿＿＿＿＿＿＿＿＿＿＿＿＿＿＿＿＿＿＿＿＿。

爆震传感器：＿＿＿＿＿＿＿＿＿＿＿＿＿＿＿＿＿＿＿＿＿＿＿＿＿＿＿＿＿＿＿。

节气门位置传感器：＿＿＿＿＿＿＿＿＿＿＿＿＿＿＿＿＿＿＿＿＿＿＿＿＿＿＿＿。

空气流量传感器：＿＿＿＿＿＿＿＿＿＿＿＿＿＿＿＿＿＿＿＿＿＿＿＿＿＿＿＿＿。

水温传感器：＿＿＿＿＿＿＿＿＿＿＿＿＿＿＿＿＿＿＿＿＿＿＿＿＿＿＿＿＿＿＿＿。

2. 无分电器微机控制点火系统即微机控制直接点火系统，请分别写出图 9-2 及图 9-3 中带序号部件的名称。

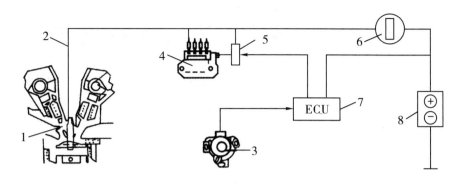

图 9-2　无分电器点火系统组成(一)

1—＿＿＿＿＿＿＿＿＿＿＿＿＿＿；2—＿＿＿＿＿＿＿＿＿＿＿＿＿＿＿＿＿；

3—＿＿＿＿＿＿＿＿＿＿＿＿＿＿；4—＿＿＿＿＿＿＿＿＿＿＿＿＿＿＿＿＿；

5—＿＿＿＿＿＿＿＿＿＿＿＿＿＿；6—＿＿＿＿＿＿＿＿＿＿＿＿＿＿＿＿＿；

7—＿＿＿＿＿＿＿＿＿＿＿＿＿＿；8—＿＿＿＿＿＿＿＿＿＿＿＿＿＿＿＿＿。

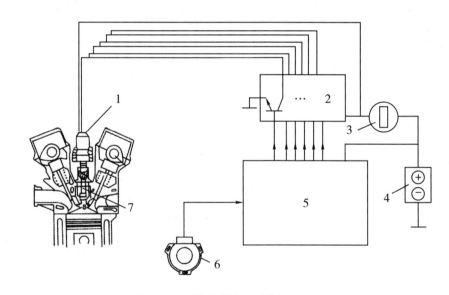

图 9-3　无分电器点火系统组成(二)

1—＿＿＿＿＿＿＿＿＿＿＿＿＿＿；2—＿＿＿＿＿＿＿＿＿＿＿＿＿＿＿＿＿；

3—＿＿＿＿＿＿＿＿＿＿＿＿＿＿；4—＿＿＿＿＿＿＿＿＿＿＿＿＿＿＿＿＿；

5—＿＿＿＿＿＿＿＿＿＿＿＿＿＿；6—＿＿＿＿＿＿＿＿＿＿＿＿＿＿＿＿＿；

7—＿＿＿＿＿＿＿＿＿＿＿＿＿＿。

二、点火系统的应用与实践

1. 读图 9-4，回答问题。

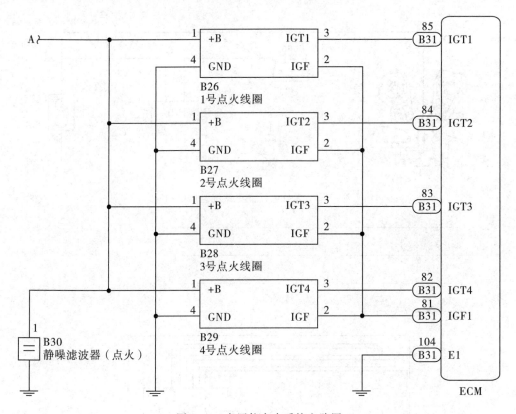

图 9-4 卡罗拉点火系统电路图

（1）该卡罗拉发动机的点火顺序为_____。

（2）IGT 是_____信号，作用是_____。

（3）IGF 是_____信号，作用是___ _____。

（4）若 B31/83 处有断路故障，则发动机有何故障现象？

_____

_____

_____

2. 选出关于每种点火正时校正的相应说明（A～F）。

怠速校正：_____

升温校正：_____

冷却液温度校正：_____

启动校正：_____

爆震校正：_____

换挡校正：_____

A. 冷却液温度较低时，提前正时点火；冷却液温度较高时，延迟正时点火。

B. 当检测到轻微爆震时（如果发动机装备有爆震传感器），将延迟点火正时。

C. 根据发动机的升温状态改变延迟的程度，从而使性能与废气排放均达到最佳状态。

D. 校正点火正时以获得最佳启动性能。

E. 换挡时，以预定角度延迟点火正时，从而控制发动机扭矩，使换挡震动降到最小。

F. 根据发动机实际急速校正点火正时，从而获得目标急速。

3. 请选出关于双点火线圈型点火系统的正确说明。（　　）

A. 与由 ECM 选择的点火线圈相连接的两个火花塞均通电，但仅在一个气缸内进行燃烧。

B. 由 ECM 选择的点火线圈的 ICM 决定哪一个火花塞通电。

C. 与由 ECM 选择的点火线圈相连接的两个火花塞均通电，在两个气缸内均进行燃烧。

D. 发动机转速达到预定值时，采用两个点火线圈实现更加有效的点火。

4. 请选出关于直接点火型点火系统的正确说明。（　　）

A. 每个火花塞均通过一根高压导线与其点火线圈相连接。

B. 每个火花塞帽均有一个内置点火线圈，由 ECM 选择将哪个火花塞通电。

C. 每个火花塞帽均有一个内置点火线圈，分电器以适当的顺序向内置点火线圈提供初级电流。

D. 每个火花塞帽均有一个内置点火线圈，在这种配置下，不需要 ICM。

5. 补充图 9 - 5 所示的独立点火系统电路图，并说明点火特点及点火顺序。

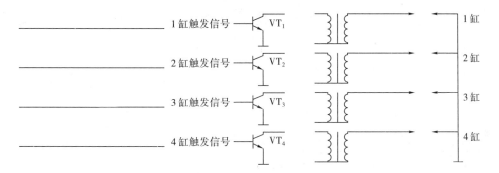

图 9 - 5　独立点火系统

6. 补充图 9 - 6 所示的双缸点火系统电路图，并说明点火特点、点火顺序及高压二极管的作用。

_____

_____

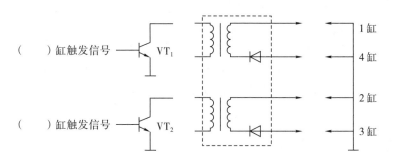

图 9 - 6　双缸独立点火系统

7. 简述同时点火式点火系统中点火线圈分配时的配电原理。

_____

_____

8. 分析图 9-7 所示微机控制点火系统电路，回答问题。

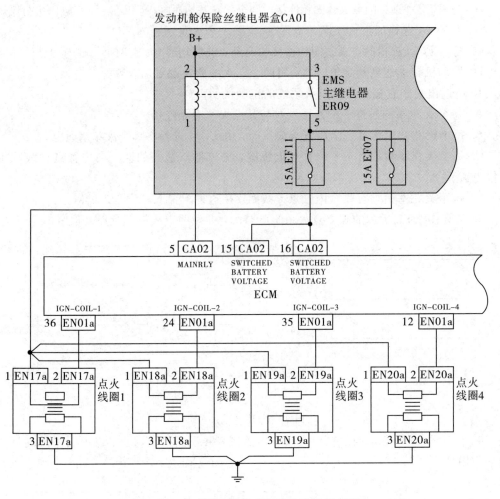

图 9-7 吉利帝豪微机控制点火系统原理图

（1）该点火系统的主要组成元件有：_____。

（2）该点火系统的工作过程：_____

_____。

（3）分析由于点火系统的原因导致发动机无法启动的故障：_____

_____。

（4）根据故障，确定诊断流程：_____

_____。

三、点火系统的故障诊断与排除

1. 小组分工合作制定实训车辆点火系统故障诊断与排除程序，完成表 9-1 和表 9-2。

表 9-1　点火系统故障诊断表

（一）汽车点火系统故障现象描述			
（二）故障部位原因分析			
（三）根据车型画出点火系统电路图			

（四）检测维修工具			
序号	工具名称	数量	检查工具是否完好
1			
2			
3			

（五）检测流程					
序号	项目	作业记录	序号	项目	作业记录
1			4		
2			5		
3			6		

结论和维修建议：
计划审核（教师/小组长）　　　　　　　　　　　　　　　　　　　年　月　日　签名：

表 9-2 点火系统故障排除表

××汽车维修服务有限公司任务委托书			
地址：	电话：	传真：	日期：

客户名称		业务单号	
地址		车牌号码	
联系电话	联系人	车型	
发电机号	行驶里程	颜色	维修方式
VIN 码	存油	预计完成日期	

随车附件	有√ 无× 损○			
	前照灯	转向灯	制动灯	示宽灯
	牌照灯	车内灯	收录机	天线
	点烟器	烟缸	电子扇	摇把
	空调器	反光镜	室内镜	门窗玻璃
	刮水器	喇叭	车门拉手	靠垫座套
	脚垫	遮阳板	轴头亮盖	千斤顶
	备胎	随车工具	前车牌号	后车牌号
	运营牌	微标	前商标	左后商标
	中后商标	右后商标		

存油

E |＿|＿|＿|＿|＿|＿|＿| F

故障现象描述	
故障原因分析	

根据故障现象画出局部电路图

序号	总开关门窗检测内容	结果分析	序号	乘客开关检测内容	结果分析
1	高压电的检测	正常□ 不正常□	1	火花塞的外观检查	正常□ 不正常□
2	转速传感器信号波形的检测	正常□ 不正常□	2	火花塞电极间隙检查及调整	间隙为：
3	转速传感器信号、阻值的检测	阻值为：	3	火花塞发火性能检查	正常□ 不正常□
4	点火控制器电压的检测	电压为：	4	火花塞接头电阻的检测	阻值为：
5	点火控制器输出波形的检测	正常□不正常□	5	高压线的阻值检测	阻值为：
6	点火控制器输出电压的检测	电压为：	6	抗干扰接头电阻检测	阻值为：
7	点火系线圈的阻值检测	阻值为：	7	点火正时调整	正常□ 不正常□

结论：

※根据汽车维修行业管理部门规定：	※零件损坏是否更换　　口是　　口否
小修或日常修保修期：三天或 500 km； 发动机总成大修保修期：三个月或 10 000 km； 其他总成大修保修期：一个月或 5000 km。 经办人：＿＿＿＿＿＿	本人对本单以上内容已经确认，并愿按上述要求进行维修和支付有关费用。 本人已将车内现金、票据及贵重物品取走。

用户签字：＿＿＿＿＿＿

2. 分组检测与诊断点火系统故障并按表9-3的标准进行考核。

表9-3　考核标准

班　级		姓　名		学　号		
工　具		常用拆装工具1套 常用测量仪器1套		考试时间	月　　日	

工作任务：诊断与排除点火系统故障（根据车型设定故障）

考 核 项 目	1. 点火系统高压电检查； 2. 汽车转速传感器的检测（根据车型：霍尔式、电磁式）； 3. 汽车点火控制器的检测（输入电压、输出信号）； 4. 火花塞的检查； 5. 点火正时的调整。				

序号	考核内容	配分	评分标准	
1	工具、仪器的使用方法	10	操作规范，正确无误，工具、仪器摆放有序，无损坏	
2	高压电的检测	10	每漏检一项扣5分，检查不准确或不符合标准要求扣10分	
3	转速传感器信号、阻值的检测	10	每漏检一项扣5分，检查不准确或不符合标准要求扣10分	
4	点火控制器输入电压、输出波形、输出电压的检测	5	检查不准确或不符合标准要求扣5分	
5	点火系统线圈的阻值检测	10	每漏检一项扣5分，检查不准确或不符合标准要求扣10分	
6	火花塞的外观、间隙检查	10	每漏检一项扣5分，检查不准确或不符合标准要求扣10分	
7	火花塞发火性能检查	5	检查不准确或不符合标准要求扣5分	
8	高压线的阻值、干扰接头电阻检测	10	每漏检一项扣5分，检查不准确或不符合标准要求扣10分	
9	点火正时调整	20	每漏检一项扣5分，检查不准确或不符合标准要求扣20分	
10	操作规范，场地整洁有序	5	违反操作规程、环境不整洁每项扣2分，不符合标准扣5分	
11	安全、文明操作	5	尊重师生，文明礼貌，不符合标准扣5分	
考评人签名：		日期	年　月　日	得分	

思考与练习

1. 选择题。

（1）对于微机控制的电子点火系统发动机工作时的点火提前角，甲认为是由初始点火提前角和修正点火提前角两部分组成的，乙认为由初始点火提前角、基本点火提前角和修正点火提前角三部分组成。你认为（　　）。

A. 甲对　　　　　　　　B. 乙对　　　　　　　　C. 甲乙都不对

（2）对于微机控制的电子点火系统发动机启动时的点火提前角，甲认为是一固定的点火提前角，乙认为与发动机水温有关。你认为（　　）。

A. 甲对　　　　　　　　B. 乙对　　　　　　　　C. 甲乙都不对

2. 简答题。

微机控制点火系统的点火提前角由哪几部分组成？如何实现最佳点火提前角的精确控制？

_____

_____

_____

学习体会

1. 你对活动中的哪个技能最感兴趣？为什么？

_____

2. 你觉得活动中哪个技能最有用？为什么？

_____

3. 你觉得活动中哪个技能的操作可以改进，以使操作更方便实用？请写出操作过程。

_____

4. 你还有哪些要求与设想？

_____

_____

评价与反馈

_____

_____

任务十　汽车照明与信号系统的检修

学习目标

（1）了解照明与信号系统的作用。

（2）掌握汽车照明与信号系统的工作原理及电路分析识读方法。

（3）能借助维修手册，选择合适的维修工具对汽车照明设备进行检查和维修。

（4）通过小组工作培养团队协作能力。

（5）能进行照明与信号系统的故障分析与诊断。

（6）能养成遵守用电安全的习惯，培养较强的安全意识。

任务情景描述

一辆丰田花冠汽车右近光灯不亮，急需修理。

要求对前照灯电路进行检测，查出故障原因，进行修复，并对前照灯进行检测。学习制订不同故障的维修工作计划，根据前照灯电路和故障现象来制订相应的诊断流程，依据诊断流程逐项检测并查找故障原因；同时对前照灯进行检测，进而做相应的调整。

学习准备

与车辆维修有关的许多操作都会影响人身安全或健康，因此所有作业与程序以及材料的处理均应以安全及健康为前提。在使用任何产品前，均应查阅由制造厂或供应商所提供的产品使用说明书。

卤素灯泡内含高压气体，处理不当会使灯泡爆炸成玻璃碎片。为避免人身伤害，在更换灯泡前，应关闭灯控开关并使灯泡冷却。更换卤素灯泡时，务必戴上护目镜。拿灯泡时，正确的方法是拿住灯座。要注意避免灯泡接触玻璃，沾染灰尘和湿气。卤素灯泡应放置在远离儿童的地方。

喇叭间断性不工作或者转向盘一侧的喇叭开关失效等情况很有可能是喇叭开关触点接触不良造成的，此时应该调整驾驶员侧安全气囊下方的喇叭开关触点。拆卸气囊模块应严格遵守安全气囊系统的安全操作规程！

完成本次任务需要哪些设备、工具和耗材？

设备：＿＿＿＿＿＿＿＿＿＿＿＿＿＿＿＿＿＿＿＿＿＿＿＿＿＿＿＿＿＿＿＿＿＿＿＿

工具：＿＿＿＿＿＿＿＿＿＿＿＿＿＿＿＿＿＿＿＿＿＿＿＿＿＿＿＿＿＿＿＿＿＿＿＿

耗材：＿＿＿＿＿＿＿＿＿＿＿＿＿＿＿＿＿＿＿＿＿＿＿＿＿＿＿＿＿＿＿＿＿＿＿＿

工作内容

一、照明与信号系统电路

1. 写出图 10-1 中汽车组合式前照灯各部件的名称。

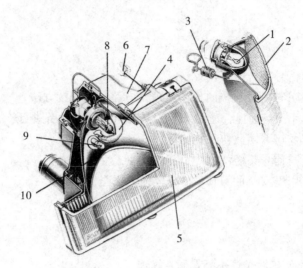

图 10-1　组合式前照灯

1—＿＿＿＿＿＿＿＿＿＿＿＿＿；2—＿＿＿＿＿＿＿＿＿＿＿＿＿＿＿；

3—＿＿＿＿＿＿＿＿＿＿＿＿＿；4—＿＿＿＿＿＿＿＿＿＿＿＿＿＿＿；

5—＿＿＿＿＿＿＿＿＿＿＿＿＿；6—＿＿＿＿＿＿＿＿＿＿＿＿＿＿＿；

7—＿＿＿＿＿＿＿＿＿＿＿＿＿；8—＿＿＿＿＿＿＿＿＿＿＿＿＿＿＿；

9—＿＿＿＿＿＿＿＿＿＿＿＿＿；10—＿＿＿＿＿＿＿＿＿＿＿＿＿＿。

2. 写出图 10-2 中汽车氙气大灯各部件的作用。

图 10-2　汽车氙气大灯总成

(1) 电子控制器的作用：_____

_____

_____。

(2) 变压器的作用：_____

_____

_____。

(3) 氙气灯泡的作用：_____

_____

_____。

3. 根据图 10-3 分析丰田轿车电路图。

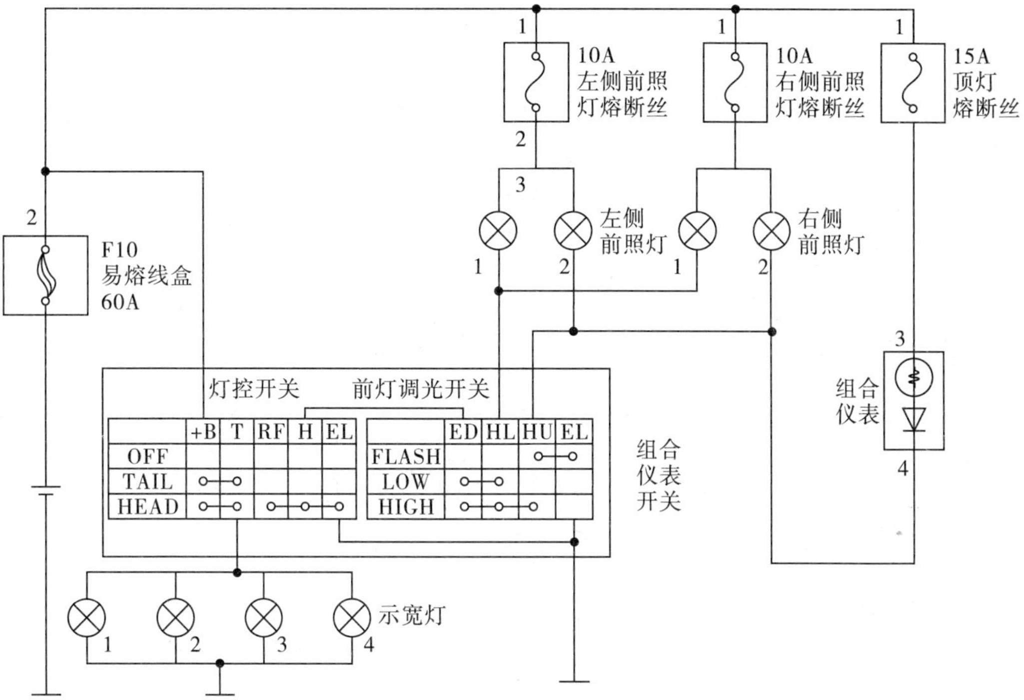

图 10-3　丰田轿车照明电路

(1) 示宽灯的电流走向：_____。

(2) 近光灯的电流走向：_____

_____。

(3) 远光灯的电流走向：_____

_____。

4. 根据图 10 - 3 进行前大灯的故障诊断。

（1）左前近光灯不亮，说明故障部位及诊断方法。

_____

_____

（2）右前远光灯不亮，说明故障部位及诊断方法。

_____

_____

5. 根据图 10 - 4 的车灯组合开关，判断组合开关导通状态，填表 10 - 1。

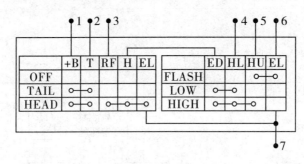

图 10 - 4　丰田汽车车灯组合开关

表 10 - 1　组合开关导通状态

测试端子	前灯组合开关位置	标注值
	OFF	导通□　不导通□
1—2	TAIL	导通□　不导通□
1—2　3—4—7	HEAD	导通□　不导通□
5—6—7	FLASH	导通□　不导通□
4—5	LOW	导通□　不导通□
4—5—6	HIGH	导通□　不导通□

6. 根据图 10 - 5 分析丰田轿车雾灯电路。

（1）前雾灯的电流走向：_____

_____

_____。

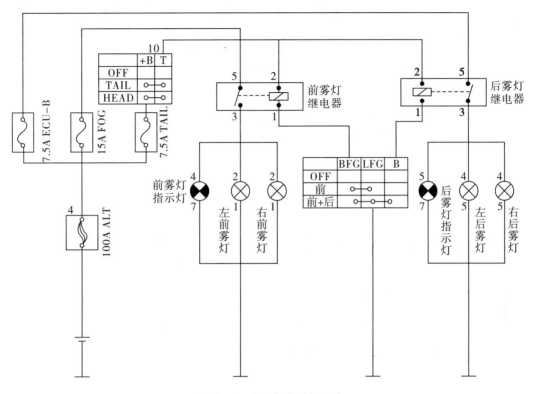

图 10-5　丰田轿车雾灯电路

（2）后雾灯的电流走向：_____

_____

_____

_____。

（3）左前雾灯不亮，说明故障部位及诊断方法。

_____

_____

_____

_____

（4）后雾灯都不亮，说明故障部位及诊断方法。

_____

_____

_____

_____

7. 根据图 10-6 说明丰田轿车转向灯的控制原理和应急灯的控制原理。

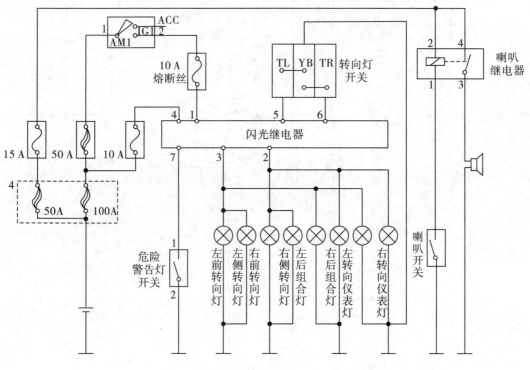

图 10-6　丰田轿车转向灯和应急灯电路

（1）左转向灯的控制原理：_____

_____。

（2）应急灯的控制原理：_____

_____。

（3）喇叭的控制原理：_____

_____。

（4）左前转向灯不亮的故障部位及诊断方法：_____

_____。

（5）右转向灯都不亮的故障部位及诊断方法：_____

_____。

（6）应急灯都不亮的故障部位及诊断方法：_____

_____。

8. 完成表 10-2，写出闪光继电器端子电压和各端子的作用。

表 10 - 2　闪光继电器端子电压和各端子的作用

测试端子	测试条件	标准值
1—搭铁	点火开关置 OFF 位置	
1—搭铁	点火开关置 ON 位置	
4—搭铁	—	
2—搭铁	转向信号开关(右)：OFF→ON	
3—搭铁	转向信号开关(左)：OFF→ON	
5—搭铁	转向信号开关(左)：OFF→ON	
6—搭铁	转向信号开关(右)：OFF→ON	
7—搭铁	应急警告开关：OFF→ON	

端子	闪光继电器端子作用	端子	闪光继电器端子作用
1		5	
2		6	
3		7	
4		闪光继电器检测结果：	

二、电喇叭的检查与调整

以吉利帝豪汽车为对象，通过图 10 - 7 来查找喇叭系统的电路故障，对喇叭开关的好坏进行判断。

1. 喇叭的电源在＿＿＿＿＿＿＿＿＿＿＿＿，喇叭由＿＿＿＿＿＿＿＿＿＿＿部件控制。

2. 在车上＿＿＿＿＿＿＿＿＿＿＿处查找喇叭继电器。检查喇叭继电器，将检测结果填入表 10 - 3 中，并给出结论。

表 10 - 3　电喇叭线圈阻值的测量

检测项目	检测结果	分　析
电喇叭线圈的阻值		

3. 客户反映：按下喇叭开关，喇叭不响。请分析可能的故障原因，并写下分析思路（先查什么，后查什么）。

＿＿＿＿＿＿＿＿＿＿＿＿＿＿＿＿＿＿＿＿＿＿＿＿＿＿＿＿＿＿＿＿＿＿＿＿＿＿＿

＿＿＿＿＿＿＿＿＿＿＿＿＿＿＿＿＿＿＿＿＿＿＿＿＿＿＿＿＿＿＿＿＿＿＿＿＿＿＿

＿＿＿＿＿＿＿＿＿＿＿＿＿＿＿＿＿＿＿＿＿＿＿＿＿＿＿＿＿＿＿＿＿＿＿＿＿＿＿

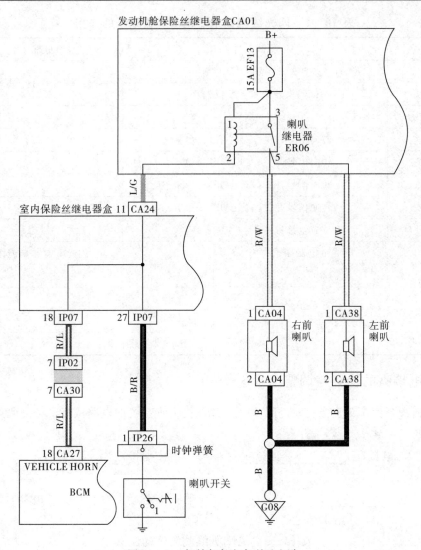

图 10-7　吉利帝豪汽车喇叭电路

4. 按喇叭时，喇叭不工作，但是直接把喇叭负极搭铁，喇叭能正常工作。对此种情况，你将怎样检查故障？

_____

_____

_____

_____

5. 现在你是否能够根据电路图对喇叭系统的故障进行诊断并对喇叭的好坏进行判断？

　　　　　是□　　　　　　　　否□

三、照明与信号系统检修

1. 完成表 10-4。

表 10 - 4　汽车照明与信号系统检修任务委托书

××汽车维修服务有限公司任务委托书

地址：	电话：	传真：	日期：

客户名称		业务单号		
地址		车牌号码		
联系电话		联系人	车型	
发电机号		行驶里程	颜色	维修方式
VIN 码		存油	预计完成日期	

随车附件	有√　　无×　　损○				
	前照灯	转向灯	制动灯	示宽灯	
	牌照灯	车内灯	收录机	天线	
	点烟器	烟缸	电子扇	摇把	
	空调器	反光镜	室内镜	门窗玻璃	
	刮水器	喇叭	车门拉手	靠垫座套	
	脚垫	遮阳板	轴头亮盖	千斤顶	
	备胎	随车工具	前车牌号	后车牌号	
	运营牌	微标	前商标	左后商标	存油 E||||||||F
	中后商标	右后商标			

故障现象描述	
可能故障原因分析	
根据故障现象画出局部电路图	

序号	检查或检测内容	注意事项	理论值	实测值	结果分析
1	近光灯灯泡				
2	远光灯灯泡				
3	灯座电压				
4	远、近光灯保险				
5	前照灯继电器				
6	变光开关				
7	灯光组合灯开关				

结论：

※根据汽车维修行业管理部门规定： 小修或日常保修期：三天或 500 km； 发动机总成大修保修期：三个月或 10 000 km； 其他总成大修保修期：一个月或 5000 km。 经办人：＿＿＿＿＿＿	※零件损坏是否更换　　□是　　□否 本人对本单以上内容已经确认，并愿按上述要求进行维修和支付有关费用。 本人已将车内现金、票据及贵重物品取走。

用户签字：＿＿＿＿＿＿

2. 分组拆检汽车车灯系统，进行电路故障诊断与排除，并按表 10-5 的标准进行考核。

表 10-5　考核标准

班　级		姓　名		学　号	
工　具		常用拆装工具 1 套 常用测量仪器 1 套	考试时间	年　月　日	
工作任务：汽车灯光电路故障诊断(根据故障设定)					
考核项目	1. 汽车车灯总成拆装步骤(前照灯、尾灯总成)； 2. 汽车灯光电路故障诊断(远近光灯、转向灯、刹车灯、防雾灯)； 3. 汽车灯光开关检测(总开关、专项开关、应急开关)				

序号	考核内容	配分	评分标准	
1	车灯总成拆装步骤	10	拆解顺序正确、操作规范、标记正确无误；零部件摆放有序、无损坏。	
2	灯光检测(根据故障检测)	15	每漏检一项扣 5 分，检查不准确或不符合标准要求扣 15 分。	
3	灯光插头检测	10	每漏检一项扣 5 分，检查不准确或不符合标准要求扣 10 分。	
4	灯光保险检测	5	检查不准确或不符合标准要求扣 5 分。	
5	灯光继电器检测	20	每漏检一项扣 5 分，检查不准确或不符合标准要求扣 20 分。	
6	灯光开关检测	20	每漏检一项扣 5 分，检查不准确或不符合标准要求扣 20 分。	
7	操作规范、场地整洁有序、安全	10	违反操作规程，环境不整洁每项扣 2 分。	
8	文明素质	10	尊重师生，文明礼貌。	
考评人签名：		日期	年　月　日	得分

思考与练习

1. 判断题(对打"√"，错打"×")。

(　　)(1) 配光镜的作用是将灯泡的光线聚合并导向前方，使其照明距离达到规定要求。

(　　)(2) 反射镜的作用是反射出平行光束，使车前路面和路缘都有良好而均匀的照明。

(　　)(3) 远光灯丝位于反射镜的焦点上，近光灯丝位于焦点上方偏前位置。

(　　)(4) 前照灯电路主要由车灯开关、变光开关、前照灯继电器及前照灯组成。

（　　）(5) 前照灯继电器的作用是小电流控制大电流，保护点火开关。

（　　）(6) 汽车信号系统主要用于向行人或其他车辆驾驶员发出警示信号。

（　　）(7) 转向信号灯的频闪由闪光继电器控制，若某车单侧转向灯泡烧坏，则其闪光频率会变慢。

（　　）(8) 制动信号灯用于警示车辆的制动或减速操作，以避免后面车辆与其后部相撞。

（　　）(9) 喇叭音量的调整取决于膜片的振动频率。

（　　）(10) 喇叭音调的调整取决于通过线圈的平均电流大小，平均电流越大，音调越高。

（　　）(11) 喇叭继电器的作用是小电流控制大电流，保护喇叭按钮。

2. 选择题。

(1) 关于汽车灯泡的叙述，下面哪个说法是错误的？（　　）

A. 白炽灯泡的灯丝用钨丝制成，在玻璃壳上易造成"黑化"现象。

B. 卤钨灯泡内充入的惰性气体中掺入了碘、溴等卤族元素，没有"黑化"现象。

C. 高压放电氙气灯泡需要有很高的电压(2.5万伏)把灯泡的两极击穿。

D. 安装前照灯或灯泡时，应该注意安装的方向。

(2) 能将反射光束扩展分配，使光形分布更适宜汽车照明的器件，甲认为是反射镜，乙认为是配光镜。你认为（　　）。

A. 甲正确　　　　　　　　　　　B. 乙正确

C. 甲乙都对　　　　　　　　　　D. 甲乙都不对

(3) 电喇叭音调的调整取决于膜片的（　　），通过调整上、下铁芯之间的间隙来改变；喇叭音量的调整取决于通过线圈的（　　）大小，通过调整触点臂的张力来改变。

A. 振动频率　平均电流　　　　　B. 平均电流　振动频率

C. 振动强度　平均电压　　　　　D. 平均电压　振动强度

学习体会

1. 你对活动中的哪个技能最感兴趣？为什么？

_____

_____

2. 你觉得活动中的哪个技能最有用？为什么？

_____

_____

3. 你觉得活动中的哪个技能的操作可以改进，以使操作更方便实用？请写出操作过程。

_____

_____

4. 你还有哪些要求与设想？

_____

_____

评价与反馈

学习评价指标	自评	互评	师评
1. 能正确检测汽车灯泡的好坏。			
2. 能检测灯光继电器的好坏。			
3. 能看懂照明开关的表格表示图。			
4. 能分析各种车型的照明电路。			
5. 能用万用表分别测量旋转式照明开关的接通状态。			
6. 能识读各种车型车灯系统的控制电路图。			
7. 能说出各种车型组合开关接线柱的名称。			
8. 活动中，安全环保工作做得好。			
总体评价		教师签名	

任务十一　汽车仪表与报警信息系统的检修

学习目标

（1）掌握汽车常用信息仪表的结构、工作原理和故障检测方法。

（2）掌握汽车电子仪表的结构组成、工作原理和故障检测方法。

（3）掌握汽车报警装置及指示灯的工作原理和故障检测方法。

（4）能够分析常见车型仪表的控制电路。

（5）能够对汽车仪表系统进行故障诊断与检修作业。

任务情景描述

一位顾客向维修店描述其奥迪 A6 轿车燃油表不指示。

要求对该车仪表系统进行检测，记录检测数据和工作过程；根据汽车电路故障诊断、检修方法进行综合分析，找出故障点并进行修复。

学习准备

与车辆维修有关的许多操作都会影响人身安全或健康，因此所有作业与程序以及材料的处理均应以安全及健康为前提。在使用任何产品前，均应查阅由制造厂或供应商所提供的产品使用说明书。

进行电气作业前，为防止系统短路，应先断开蓄电池负极端子。在断开和重新连接蓄电池电缆时，请关断点火开关。

完成本次任务需要哪些设备、工具和耗材？

设备：＿＿＿＿＿＿＿＿＿＿＿＿＿＿＿＿＿＿＿＿＿＿＿＿＿＿＿＿＿＿＿＿＿＿＿＿

工具：＿＿＿＿＿＿＿＿＿＿＿＿＿＿＿＿＿＿＿＿＿＿＿＿＿＿＿＿＿＿＿＿＿＿＿＿

耗材：＿＿＿＿＿＿＿＿＿＿＿＿＿＿＿＿＿＿＿＿＿＿＿＿＿＿＿＿＿＿＿＿＿＿＿＿

工作内容

一、仪表自诊断功能

很多汽车仪表控制模块具备自诊断功能，同时也具备重新设置功能。以本田汽车为例，参考图 11-1，以下操作的正确排列顺序为：＿＿＿＿＿＿＿。

A. 按住选择/重置(SEL/RESET)开关按钮

B. 打开前大灯至 ON

C. 打开点火开关至 ON(Ⅱ)

D. 在 5 s 之内，关闭前大灯，然后打开前大灯，再关闭

E. 在 5 s 之内，松开选择/重置(SEL/RESET)开关按钮，然后反复按动并松开按钮三次

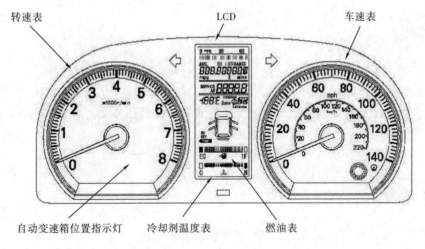

图 11 - 1 汽车仪表

二、仪表装置构造研究记录

以吉利帝豪为例，如图 11 - 2 所示，自检功能的指示灯包括水温高指示灯、油量低指示灯、安全气囊故障指示灯、主驾驶员安全带指示灯、EBD 故障指示灯、ABS 报警指示灯、发动机故障指示灯、ESP 电子稳定控制指示灯、EPS 助力转向故障报警灯、制动液液面低指示灯、TPMS 胎压低指示灯、TPMS 错误指示灯。

1. 车辆启动前后，仪表板上有什么变化？说明什么问题？

_____

_____

_____

_____

2. 检测制动液液面过低报警装置时，接通点火开关，无论制动液储液罐内是否有制动液，报警灯均亮，说明什么问题？

_____

_____

_____

_____

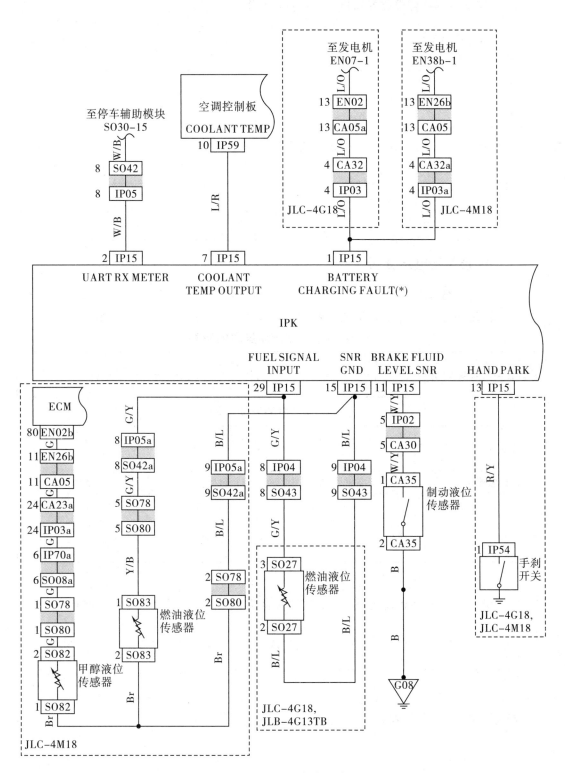

图 11-2　汽车仪表电路

3. 汽车上有哪些警报装置和指示灯？各有何作用？

_____

_____

_____

_____

4. 现代汽车电子仪表检修中需要注意哪些事项？

_____

_____

_____

三、仪表系统电路分析

针对任务实施车型，各小组分工分析仪表系统电路。

1. 仪表的检测。将检测结果填入表 11-1 和表 11-2 中，并给出检测结论。

表 11-1　冷却液温度表的检测

冷却液温度表线圈电阻	标准阻值/Ω	测量电阻值/Ω	结论

表 11-2　燃油表的检测

燃油表线圈电阻	标准阻值/Ω	测量电阻值/Ω	结论
传感器位置	标准阻值/Ω	测量电阻值/Ω	结论
0/E(空)			
1/2			
1/F(满)			

2. 发动机工作后机油压力报警灯常亮。你认为该车出现此故障的可能原因有：_____

_____

_____

_____。

通过讨论，确定诊断流程：_____

_____

_____

_____。

四、车辆暗电流的测量

以实训车辆为例，对暗电流进行测量，并掌握漏电的维修方法。

1. 实训步骤如下：

（1）确认车辆所有用电设备已经关闭，关闭点火开关，车内灯开关置于门控灯挡位。

（2）拆下电瓶负极线。

（3）将万用表调试到测量电流的挡位。

（4）将黑色表笔搭蓄电池负极接线柱，红色表笔接蓄电池负极端子，在测量时不要开启任何车门。

（5）记录所测电流值：_____ mA。

（6）打开任意车门，测量此时的暗电流：_____ mA。

（7）找到室内灯的保险丝并拆下。

（8）测量这时的暗电流：_____ mA。

2. 请总结查找漏电问题的方法：_____

_____。

3. 现在你是否掌握了测量暗电流的方法和判断具体漏电位置的方法？

　　是□　　　　　　　　　　　　　　否□

思考与练习

判断题。

（　　）(1) 燃油不足警示装置主要由负温度系数热敏电阻传感器和仪表盘上的警示灯两部分组成。

（　　）(2) 制动液液面低，报警装置的液位不足时，浮子较高，永久磁铁高于舌簧开关，开关断开，灯熄灭；相反则灯点亮，发出警告。

（　　）(3) 机油压力报警装置在机油压力过高、过低时都会报警。

学习体会

1. 你对活动中的哪个技能最感兴趣？为什么？

_____

2. 你觉得活动中哪个技能最有用？为什么？

_____

3. 你觉得活动中哪个技能的操作可以改进，以使操作更方便实用？请写出操作过程。

_____

_____

4. 你还有哪些要求与设想？

_____

_____

评价与反馈

_____

_____

任务十二　风窗清洁装置的检修

（1）了解刮水器与洗涤器的构造及其在汽车上的安装位置。

（2）掌握电动刮水器、风窗玻璃洗涤器和除霜装置的基本结构及工作原理。

（3）能进行风窗清洁装置的拆装。

（4）能够分析刮水器控制电路图（低速、高速、间歇）。

（5）能够正确检查电动刮水器、风窗玻璃洗涤器的工作线路，并对常见故障进行检修。

任务情景描述

顾客描述其汽车刮水器不工作。

首先记录故障现象，学习制订不同故障的维修工作计划；依据故障现象分析可能的故障原因，制订诊断流程，查出故障原因并进行修复，记录检查及调试结果。

学习准备

与车辆维修有关的许多操作都会影响人身安全或健康，因此所有作业与程序以及材料的处理均应以安全及健康为前提。在使用任何产品前，均应查阅由制造厂或供应商所提供的产品使用说明书。

在维修任何电气部件前，开关电源模式均应置于 OFF（关闭）状态，并且所有电气负载也必须处于 OFF 状态（除非操作程序中另有说明）。如果工具或设备容易接触裸露的带电电气端子，还要断开蓄电池负极电缆。违反这些可能导致人身伤害、车辆或车辆部件损坏。

完成本次任务需要哪些设备、工具和耗材？

设备：_____

工具：_____

耗材：_____

工作内容

一、刮水器的各部件组成及电路控制原理

1. 写出图 12－1 中标号部件的名称。

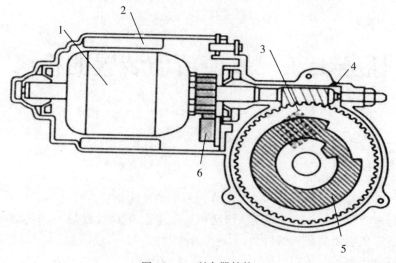

图 12-1　刮水器结构

1—_____；2—_____；

3—_____；4—_____；

5—_____；6—_____。

2. 根据图 12-2 写出三刷永磁式刮水器的工作过程。

_____

_____

_____

_____

_____

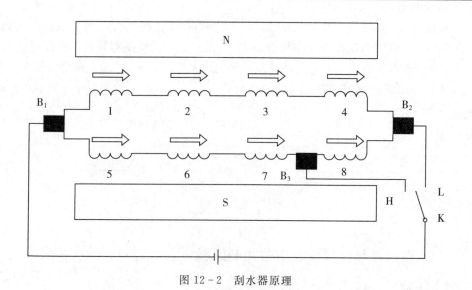

图 12-2　刮水器原理

3. 同步振荡电路控制的间歇刮水器电路如图 12-3 所示。

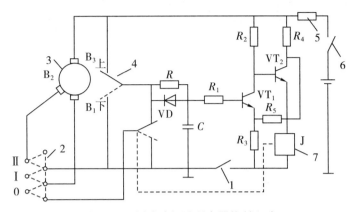

图 12-3　同步式间歇刮水器控制电路

(1) 写出图 12-3 中标号部件的名称。

1—＿＿＿＿＿＿＿＿＿＿；2—＿＿＿＿＿＿＿＿＿＿；3—＿＿＿＿＿＿＿＿＿＿；4—＿＿＿＿＿＿＿＿＿＿；

5—＿＿＿＿＿＿＿＿＿＿；6—＿＿＿＿＿＿＿＿＿＿；7—＿＿＿＿＿＿＿＿＿＿。

(2) 低速时的电流走向：＿＿＿＿＿＿＿＿＿＿＿＿＿＿＿＿＿

＿＿

＿＿＿。

(3) 自动回位时的电流走向：＿＿＿＿＿＿＿＿＿＿＿＿＿＿＿＿

＿＿

＿＿＿。

二、风窗玻璃刮水器电路分析

1. 根据图 12-4 所示的风窗玻璃刮水器控制电路，完成以下各题。

(1) 低速时的控制电路原理：＿＿＿＿＿＿＿＿＿＿＿＿＿＿＿＿

＿＿

＿＿＿。

(2) 高速时的控制电路原理：＿＿＿＿＿＿＿＿＿＿＿＿＿＿＿＿

＿＿

＿＿＿。

(3) 间歇时的控制电路原理：＿＿＿＿＿＿＿＿＿＿＿＿＿＿＿＿

＿＿

＿＿＿。

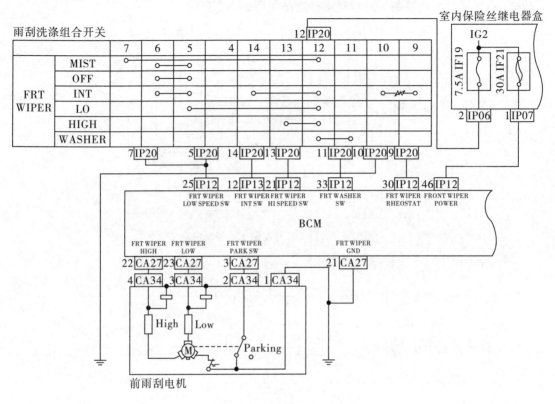

图 12-4　吉利帝豪刮水器控制电路

（4）洗涤时的控制电路原理：＿＿＿＿＿＿＿＿＿＿＿＿＿＿＿＿＿＿＿＿＿＿

＿＿＿＿＿＿＿＿＿＿＿＿＿＿＿＿＿＿＿＿＿＿＿＿＿＿＿＿＿＿＿＿＿＿＿＿＿

＿＿＿＿＿＿＿＿＿＿＿＿＿＿＿＿＿＿＿＿＿＿＿＿＿＿＿＿＿＿＿＿＿＿＿。

（5）画出表 12-1 中各个端子之间的导通情况，并检查开关的好坏。

表 12-1　端子之间的导通情况

开关位置		端子（颜色）									结　果	
		7	6	5	14	13	12	11	10	9		
刮水器	MIST（除雾）										□好	□坏
	OFF（断）										□好	□坏
	INT（间歇）										□好	□坏
	LO（低速）										□好	□坏
	HI（高速）										□好	□坏
喷洗器	OFF（断）										□好	□坏
	ON（通）										□好	□坏

2. 实车确认。

（1）按下喷洗器按钮，喷清洗剂的同时，雨刮臂如何运行？

_____

（2）雨刮臂正处于高速运行过程中，关闭雨刮开关，雨刮臂如何动作？

_____

（3）雨刮臂正处于低速运行过程中，关闭点火开关，雨刮臂如何动作？重新打开点火开关呢？

_____

三、刮水器电动机的检查

1. 根据图 12-5 和图 12-6 写出低速检查的步骤。

_____

_____

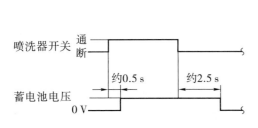

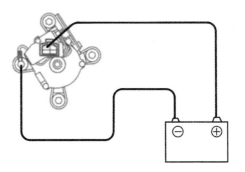

图 12-5　喷洗器联动检查标准　　　　　图 12-6　刮水器低速检查

2. 根据图 12-7 写出刮水器电动机高速检查的步骤。

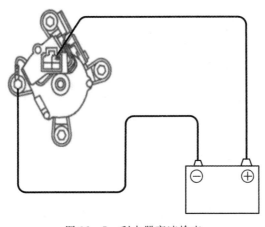

图 12-7　刮水器高速检查

_____

_____

_____

3. 根据图 12 - 8、图 12 - 9 写出刮水器自动复位检查的步骤。

_____

_____

_____

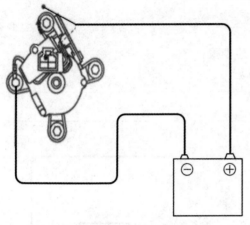 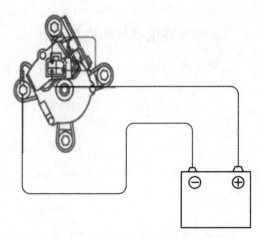

图 12 - 8　刮水器自动复位检查步骤 1　　　图 12 - 9　刮水器自动复位检查步骤 2

4. 根据图 12 - 10 写出洗涤泵电动机的检查步骤。

_____

_____

_____

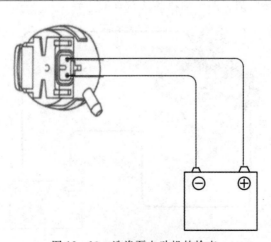

图 12 - 10　洗涤泵电动机的检查

四、刮水器和清洗装置的故障排除

1. 刮水器常见故障包括各挡位都不工作、个别挡位不工作、雨刷不能停在正确位置等。将刮水器常见故障及排除方法填在表 12 - 2 中。

表 12 - 2　刮水器常见故障现象、原因及排除方法

故 障 现 象	可能的故障原因	排 除 方 法
接通点火开关，拨动刮水器各挡开关，刮水器均不工作		
刮水器在"慢挡"工作正常，其余各挡均不工作		
刮水器在"快挡"工作正常，其余各挡均不工作		
刮水器在"间歇"挡不工作，其余各挡均工作正常		
刮水器开关在"喷水挡"，刮水与喷水均不工作，其余各挡均工作正常		
雨刷不能停在正确位置		

2. 当关闭电动刮水器时，雨刷为什么总是在不影响驾驶员视线的下边缘停止？

_____

_____

_____

_____

思考与练习

1. 判断题。

（　　）(1) 永磁式刮水电动机是通过改变正、负电刷之间串联线圈的个数来实现变速的。

（　　）(2) 具有自动复位装置的刮水器系统，关刮水器时，雨刷将落在风窗玻璃下部不挡驾驶员视线的位置。

（　　）(3) 永磁式风窗刮水器电动机内用了两个电刷。

2. 选择题。

关于电动刮水器和喷洗器的叙述，下面哪个说法是错误的？（　　）

A. 电动刮水器由直流电动机和一套传动机构组成。

B. 永磁式刮水电动机的变速原理可以通过改变电刷间的导体数实现变速。

C. 电动刮水器的自动复位功能通过蜗轮上的铜环(采用特殊的形状)实现。

D. 风窗玻璃洗涤器(喷洗器)喷水时，电动刮水器会停止转动。

学习体会

1. 你对活动中的哪个技能最感兴趣？为什么？

_____

2. 你觉得活动中哪个技能最有用？为什么？

_____

3. 你觉得活动中哪个技能的操作可以改进，以使操作更方便实用？请写出操作过程。

_____

4. 你还有哪些要求与设想？

_____

评价与反馈

_____

_____

任务十三　电动座椅的检修

学习目标

（1）认识电动座椅电气系统各元件并了解其在汽车上的安装位置。

（2）会识读电动座椅电路图。

（3）能进行电动座椅系统的拆装。

（4）能进行电动座椅的开关检测。

（5）能进行电动座椅的电动机检测。

任务情景描述

一辆广州本田雅阁轿车按下电动座椅调节开关后，发现电动座椅在部分方向不能动作。

记录故障现象，根据故障现象分析可能的故障原因，并确定诊断流程，按正确的操作规范逐项检测，查出故障原因并进行修复。

学习准备

与车辆维修有关的许多操作都会影响人身安全或健康，因此所有作业与程序以及材料的处理均应以安全及健康为前提。在使用任何产品前，均应查阅由制造厂或供应商所提供的产品使用说明书。

在使用座椅加热垫时必须高度注意，因为即使在低温环境下，该装置也会令乘员感觉灼热甚至将乘员烫伤。为避免座椅过热，在使用座椅加热垫时，不要在座垫上铺毯子、垫子或其他隔热物品。

完成本次任务需要哪些设备、工具和耗材？

设备：_____

工具：_____

耗材：_____

工作内容

一、电动座椅的结构认知

1. 如图 13-1 所示，汽车的座椅主要包括：右前座椅总成、左后座椅靠背总成、右后

座椅靠背总成、左前座椅总成、右后座椅坐垫总成、左后座椅坐垫总成，请分别填在对应
位置。

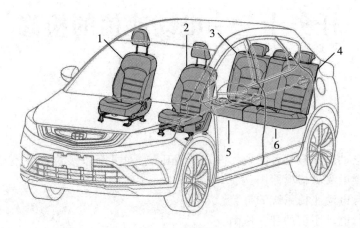

图 13-1　汽车电动座椅结构

1—＿＿＿＿＿＿＿＿＿；2—＿＿＿＿＿＿＿＿＿；3—＿＿＿＿＿＿＿＿＿；4—＿＿＿＿＿＿＿＿＿；
5—＿＿＿＿＿＿＿＿＿；6—＿＿＿＿＿＿＿＿＿。

2. 大多数电动座椅使用永磁式电动机，通过开关来操纵电动机，使电动机向不同方向
旋转。电动机的旋转运动，通过传动机构改变座椅的空间位置实现。传动机构又分为上下
调整机构和前后调整机构。

（1）上下调整机构由蜗杆轴、蜗轮、芯轴等组成，如图 13-2 所示。写出图中所示带标
号部件的名称。

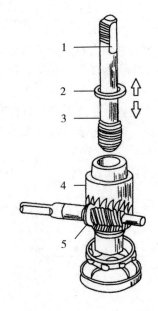

图 13-2　上下调整机构

1—＿＿＿＿＿＿＿＿＿；2—＿＿＿＿＿＿＿＿＿；3—＿＿＿＿＿＿＿＿＿；4—＿＿＿＿＿＿＿＿＿；
5—＿＿＿＿＿＿＿＿＿。

（2）前后调整机构由蜗杆、蜗轮、齿条、导轨等组成，如图 13-3 所示。写出图中所示带标号部件的名称。

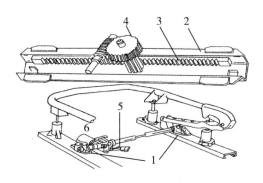

图 13-3　前后调整机构

1—_____；2—_____；3—_____；4—_____；
5—_____；6—_____。

二、电动座椅的控制电路

广州本田雅阁轿车的驾驶席座椅有 8 种可调方式：前端上、下调节，后端上、下调节，前、后调节，向前、向后倾斜调节，其控制电路如图 13-4 所示。

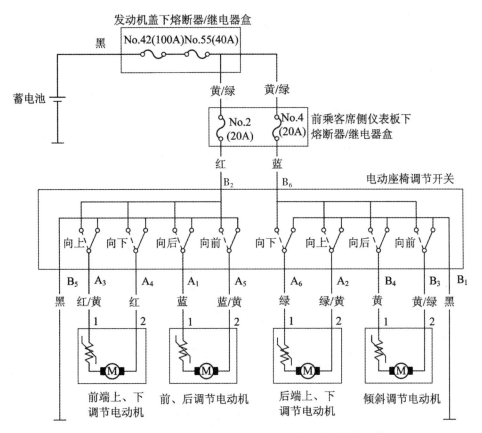

图 13-4　广州本田雅阁轿车驾驶席电动座椅的控制电路

通过电动座椅调节开关可完成不同的调节功能，如电动座椅前端上、下调节，其电路为以下两种：

（1）向上调节。当将电动座椅前端上、下调节开关拨到"向上"位置时，电路中的电流流向为：_____

_____

_____

_____。

（2）向下调节。当将电动座椅前端上、下调节开关拨到"向下"位置时，电路中的电流流向为：_____

_____

_____

_____。

三、电动座椅的故障诊断与检测

以广州本田雅阁轿车的电动座椅为例。

1. 检测电动座椅调节开关。拆开调节开关的两个 6 芯插头，如图 13 - 5 所示。当调节开关处在各调节位置时，检查两个 6 芯插头各端子之间的导通情况，填入表 13 - 1 中（可以用连线进行表示）。各个连线的端子间的阻值都为零时，才说明整个调整开关正常。

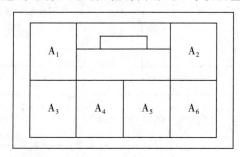

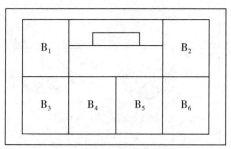

图 13 - 5　调节开关的两个 6 芯插头

表 13 – 1　检查各调节电动机的工作情况

开关位置		端　子											
		A_1	A_2	A_3	A_4	A_5	A_6	B_1	B_2	B_3	B_4	B_5	B_6
前端上、下调节开关	向上												
	向下												
后端上、下调节开关	向上												
	向下												
前、后调节开关	向前												
	向后												
靠背倾斜调节开关	向前												
	向后												

　　2. 检测电动座椅调节电动机。将两个 6 芯插头的某两端分别接蓄电池的正、负极，检查端子填入表 13 – 2 中。注意：当电动机停止运转时，应立即断开端子与蓄电池的连接。

表 13 – 2　检查各调节电动机的工作情况

工作情况		电　源	
		电 源 正 极	电 源 负 极
前端上、下调节电动机	向上		
	向下		
后端上、下调节电动机	向上		
	向下		
前、后调节电动机	向前		
	向后		
靠背倾斜调节电动机	向前		
	向后		

思考与练习

判断题。

(　　)(1) 大多数汽车电动座椅使用的是双绕组串励式电动机。

(　　)(2) 电动座椅系统的 6 方向电动调整座椅用的是一台可逆的、永磁三电枢的电动机。

学习体会

1. 你对活动中的哪个技能最感兴趣？为什么？

_____

2. 你觉得活动中哪个技能最有用？为什么？

_____

3. 你觉得活动中哪个技能的操作可以改进，以使操作更方便实用？请写出操作过程。

_____

4. 你还有哪些要求与设想？

_____

评价与反馈

_____

_____

任务十四　电动后视镜的检修

（1）认识电动后视镜系统各元件并了解其在汽车上的安装位置。

（2）会识读电动后视镜的电路图。

（3）能进行电动后视镜系统的拆装。

（4）能进行电动后视镜的开关检测。

（5）能进行电动后视镜的电动机检测。

一辆奥迪 A4 轿车电动后视镜装置不工作。

通过对电动后视镜电路的分析，熟悉电动后视镜系统的工作原理，根据故障现象分析可能的故障原因，确定诊断流程；按正确操作规范逐项检测，记录检测数据并确定故障原因；总结电动后视镜系统常见故障的诊断与排除程序。

与车辆维修有关的许多操作都会影响人身安全或健康，因此所有作业与程序以及材料的处理均应以安全及健康为前提。在使用任何产品前，均应查阅由制造厂或供应商所提供的产品使用说明书。

在维修任何电气部件前，开关电源模式均应该置于 OFF（关闭）状态，并且所有电气负载也必须处于 OFF 状态（除非操作程序中另有说明）。车外后视镜由仪表板左侧的电动后视镜开关面板总成来控制。左右选择开关选择所需操作的后视镜，方向按钮开关用于调整后视镜玻璃的位置。

完成本次任务需要哪些设备、工具和耗材？

设备：＿＿＿＿＿＿＿＿＿＿＿＿＿＿＿＿＿＿＿＿＿＿＿＿＿＿＿＿＿＿＿＿＿＿＿＿＿

工具：＿＿＿＿＿＿＿＿＿＿＿＿＿＿＿＿＿＿＿＿＿＿＿＿＿＿＿＿＿＿＿＿＿＿＿＿＿

耗材：＿＿＿＿＿＿＿＿＿＿＿＿＿＿＿＿＿＿＿＿＿＿＿＿＿＿＿＿＿＿＿＿＿＿＿＿＿

一、电动后视镜控制系统的结构认知

如图 14-1 所示，电动后视镜控制系统主要包括右侧电动后视镜、左侧电动后视镜、车内后视镜、电动后视镜调节开关和 BCM。写出图 14-1 中带标号部件的名称。

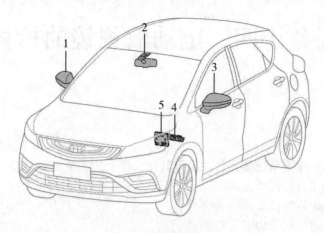

图 14-1　电动后视镜控制系统

1—_____；2—_____；3—_____；

4—_____；5—_____。

二、电动后视镜的控制电路

1. 根据图 14-2 完成问题。

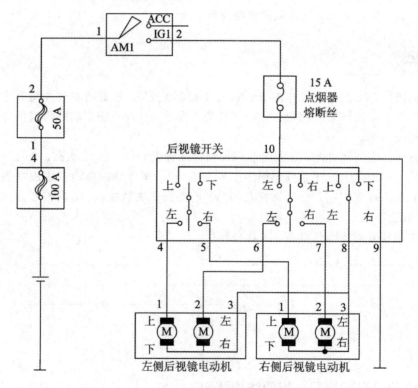

图 14-2　电动后视镜的控制电路

（1）左后视镜的向左向右电流流向：_____

_____

_____

_____ 。

（2）右后视镜的向上向下电流流向：_____

_____

_____

_____ 。

2. 根据图 14-2 完成表 14-1。

表 14-1 电动后视镜开关总成的检测

后视镜	动作	端子号									
		1	2	3	4	5	6	7	8	9	10
左	上										
	下										
	OFF										
	左										
	右										
右	上										
	下										
	OFF										
	左										
	右										

3. 完成表 14 – 2 所示的电动后视镜故障诊断表。

表 14 – 2 电动后视镜故障诊断表

故障现象	故障原因	故障排除方法
电动后视镜均不能动		□更换　　□修理
一侧电动后视镜不能动		□更换　　□修理
一侧电动后视镜上下方向不能动		□更换　　□修理
一侧电动后视镜左右方向不能动		□更换　　□修理

三、实训故障车电动后视镜故障的诊断与检测

奥迪 A4 轿车电动后视镜系统电路如图 14 – 3 所示。

(1) 奥迪 A4 轿车电动后视镜系统的主要组成元件有：＿＿＿＿＿＿＿＿＿＿＿＿＿＿。

(2) 电动后视镜的开关状态有几种？各开关状态下的工作过程如何(写出电流回路)?

＿＿＿＿＿＿＿＿＿＿＿＿＿＿＿＿＿＿＿＿＿＿＿＿＿＿＿＿＿＿＿＿＿＿＿＿＿

＿＿＿＿＿＿＿＿＿＿＿＿＿＿＿＿＿＿＿＿＿＿＿＿＿＿＿＿＿＿＿＿＿＿＿＿＿

＿＿＿＿＿＿＿＿＿＿＿＿＿＿＿＿＿＿＿＿＿＿＿＿＿＿＿＿＿＿＿＿＿＿＿＿＿

(3) 请描述实训车电动后视镜系统的故障现象：＿＿＿＿＿＿＿＿＿＿＿＿＿＿＿

＿＿＿＿＿＿＿＿＿＿＿＿＿＿＿＿＿＿＿＿＿＿＿＿＿＿＿＿＿＿＿＿＿＿＿＿。

(4) 你认为实训车出现此故障的可能原因有：＿＿＿＿＿＿＿＿＿＿＿＿＿＿＿＿

＿＿＿＿＿＿＿＿＿＿＿＿＿＿＿＿＿＿＿＿＿＿＿＿＿＿＿＿＿＿＿＿＿＿＿＿＿

＿＿＿＿＿＿＿＿＿＿＿＿＿＿＿＿＿＿＿＿＿＿＿＿＿＿＿＿＿＿＿＿＿＿＿＿。

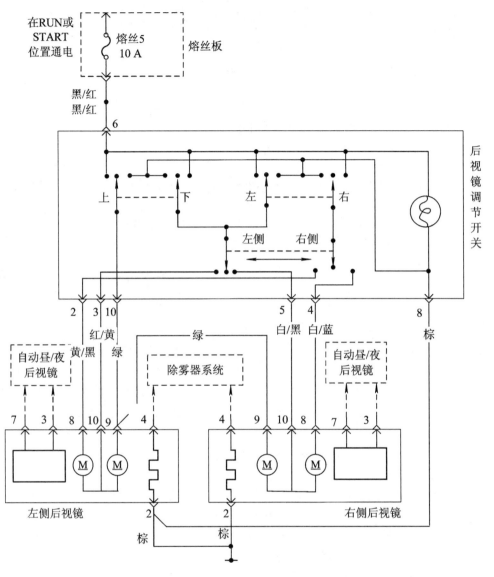

图 14 - 3　奥迪 A4 轿车电动后视镜系统电路

（5）根据由简单到复杂的原则，通过小组讨论，确定诊断流程：_____

_____

_____

_____。

（6）按照制订的诊断流程进行逐项检测，记录各步骤的数据，并对数据进行分析，确定故障原因，进行修复或更换。

_____

_____

学习体会

1. 你对活动中的哪个技能最感兴趣？为什么？

_____

2. 你觉得活动中哪个技能最有用？为什么？

_____

3. 你觉得活动中哪个技能的操作可以改进，以使操作更方便实用？请写出操作过程。

_____

4. 你还有哪些要求与设想？

_____

_____

评价与反馈

_____

_____

任务十五　电动车窗的检修

（1）认识电动车窗系统各元件并了解其在汽车上的安装位置。

（2）会识读电动车窗电路图。

（3）能进行电动车窗系统的拆装。

（4）能进行电动车窗的开关检测。

（5）能进行电动车窗的电动机检测。

任务情景描述

一辆北京现代轿车，按下控制开关后，发现驾驶员侧电动车窗不能自动升降，而其他各车窗可以自由升降。

记录故障现象，学习制订不同故障的维修工作计划，通过分析电动车窗控制电路，熟悉电动车窗系统的工作原理，根据故障现象分析可能的故障原因，查出故障原因并进行修复。

学习准备

与车辆维修有关的许多操作都会影响人身安全或健康，因此所有作业与程序以及材料的处理均应以安全及健康为前提。在使用任何产品前，均应查阅由制造厂或供应商所提供的产品使用说明书。

在维修任何电气部件前，开关电源模式均应该置于 OFF（关闭）状态，并且所有电气负载也必须处于 OFF 状态（除非操作程序中另有说明）。有些车型当电动车窗不能进行自动升降时，在更换电动窗马达或电动窗调节器总成后必须对车窗进行初始化操作。

完成本次任务需要哪些设备、工具和耗材？

设备：＿＿＿＿＿＿＿＿＿＿＿＿＿＿＿＿＿＿＿＿＿＿＿＿＿＿＿＿＿＿＿＿＿＿＿＿＿

工具：＿＿＿＿＿＿＿＿＿＿＿＿＿＿＿＿＿＿＿＿＿＿＿＿＿＿＿＿＿＿＿＿＿＿＿＿＿

耗材：＿＿＿＿＿＿＿＿＿＿＿＿＿＿＿＿＿＿＿＿＿＿＿＿＿＿＿＿＿＿＿＿＿＿＿＿＿

工作内容

一、电动车窗控制系统的构造

1. 如图 15-1 所示，电动车窗控制系统主要包括左前车门玻璃升降器、主驾驶玻璃升降器控制开关、左后车门玻璃升降器、左后车门玻璃升降器开关、右后车门玻璃升降器开关、右后车门玻璃升降器、副驾玻璃升降器控制开关、右前车门玻璃升降器等，写出图中带标号部件的名称。

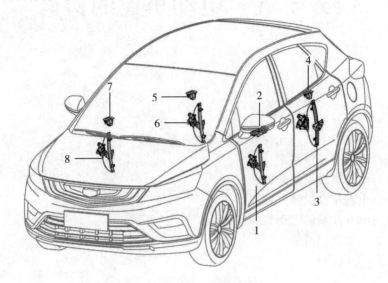

图 15-1 　电动车窗控制系统

1—＿＿＿＿＿＿＿＿＿＿＿；2—＿＿＿＿＿＿＿＿＿＿＿；

3—＿＿＿＿＿＿＿＿＿＿＿；4—＿＿＿＿＿＿＿＿＿＿＿；

5—＿＿＿＿＿＿＿＿＿＿＿；6—＿＿＿＿＿＿＿＿＿＿＿；

7—＿＿＿＿＿＿＿＿＿＿＿；8—＿＿＿＿＿＿＿＿＿＿＿。

2. 写出图 15-2 与图 15-3 中电动车窗升降器各个部件的名称。

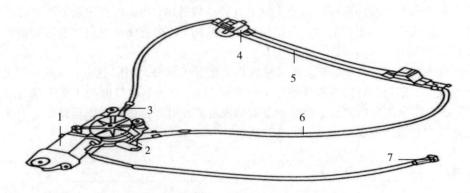

图 15-2 　钢丝滚筒式电动车窗升降器

1—＿＿＿＿＿＿＿＿＿＿＿；2—＿＿＿＿＿＿＿＿＿＿＿；

3—＿＿＿＿＿＿＿＿＿＿＿；4—＿＿＿＿＿＿＿＿＿＿＿；

5—＿＿＿＿＿＿＿＿＿＿＿；6—＿＿＿＿＿＿＿＿＿＿＿；

7—＿＿＿＿＿＿＿＿＿＿＿。

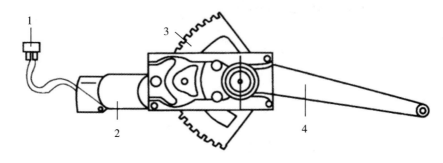

图 15 - 3　齿扇式电动车窗升降器

1—＿＿＿＿＿＿＿＿＿＿＿＿；2—＿＿＿＿＿＿＿＿＿＿＿＿；

3—＿＿＿＿＿＿＿＿＿＿＿＿；4—＿＿＿＿＿＿＿＿＿＿＿＿。

二、电动车窗控制电路的工作原理

1. 根据图 15 - 4 回答问题。

（1）左前门电动车窗升起的电流流向：＿＿＿＿＿＿＿＿＿＿

＿＿＿＿＿＿＿＿＿＿＿＿＿＿＿＿＿＿＿＿＿＿＿＿＿＿＿＿＿＿＿

＿＿＿＿＿＿＿＿＿＿＿＿＿＿＿＿＿＿＿＿＿＿＿＿＿＿＿＿＿＿＿。

（2）左前门电动车窗降落的电流流向：＿＿＿＿＿＿＿＿＿＿

＿＿＿＿＿＿＿＿＿＿＿＿＿＿＿＿＿＿＿＿＿＿＿＿＿＿＿＿＿＿＿

＿＿＿＿＿＿＿＿＿＿＿＿＿＿＿＿＿＿＿＿＿＿＿＿＿＿＿＿＿＿＿。

2. 根据图 15 - 4 回答问题。

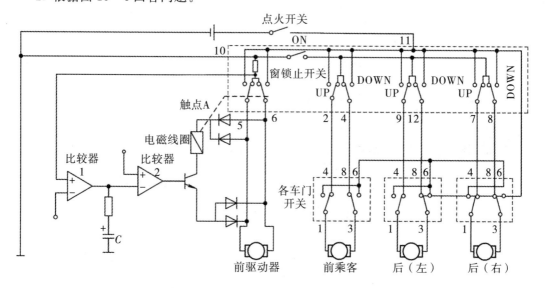

图 15 - 4　北京现代轿车电动车窗控制电路

（1）右后门电动车窗降落的电流流向：＿＿＿＿＿＿＿＿＿＿＿＿＿

＿＿＿＿＿＿＿＿＿＿＿＿＿＿＿＿＿＿＿＿＿＿＿＿＿＿＿＿＿＿＿

＿＿＿＿＿＿＿＿＿＿＿＿＿＿＿＿＿＿＿＿＿＿＿＿＿＿＿＿＿＿＿

＿＿＿＿＿＿＿＿＿＿＿＿＿＿＿＿＿＿＿＿＿＿＿＿＿＿＿＿＿＿＿。

（2）右后门电动车窗升起的电流流向：＿＿＿＿＿＿＿＿＿＿＿＿＿

＿＿＿＿＿＿＿＿＿＿＿＿＿＿＿＿＿＿＿＿＿＿＿＿＿＿＿＿＿＿＿

＿＿＿＿＿＿＿＿＿＿＿＿＿＿＿＿＿＿＿＿＿＿＿＿＿＿＿＿＿＿＿

＿＿＿＿＿＿＿＿＿＿＿＿＿＿＿＿＿＿＿＿＿＿＿＿＿＿＿＿＿＿＿。

3. 分析现代轿车电动车窗控制电路。

（1）右前门电动车窗升起的电流流向：＿＿＿＿＿＿＿＿＿＿＿＿＿

＿＿＿＿＿＿＿＿＿＿＿＿＿＿＿＿＿＿＿＿＿＿＿＿＿＿＿＿＿＿＿

＿＿＿＿＿＿＿＿＿＿＿＿＿＿＿＿＿＿＿＿＿＿＿＿＿＿＿＿＿＿＿

＿＿＿＿＿＿＿＿＿＿＿＿＿＿＿＿＿＿＿＿＿＿＿＿＿＿＿＿＿＿＿

＿＿＿＿＿＿＿＿＿＿＿＿＿＿＿＿＿＿＿＿＿＿＿＿＿＿＿＿＿＿＿。

（2）右前门电动车窗降落的电流流向：＿＿＿＿＿＿＿＿＿＿＿＿＿

＿＿＿＿＿＿＿＿＿＿＿＿＿＿＿＿＿＿＿＿＿＿＿＿＿＿＿＿＿＿＿

＿＿＿＿＿＿＿＿＿＿＿＿＿＿＿＿＿＿＿＿＿＿＿＿＿＿＿＿＿＿＿

＿＿＿＿＿＿＿＿＿＿＿＿＿＿＿＿＿＿＿＿＿＿＿＿＿＿＿＿＿＿＿

＿＿＿＿＿＿＿＿＿＿＿＿＿＿＿＿＿＿＿＿＿＿＿＿＿＿＿＿＿＿＿。

4. 根据图 15-5 写出电动车窗升降的控制原理。

＿＿＿＿＿＿＿＿＿＿＿＿＿＿＿＿＿＿＿＿＿＿＿＿＿＿＿＿＿＿＿

＿＿＿＿＿＿＿＿＿＿＿＿＿＿＿＿＿＿＿＿＿＿＿＿＿＿＿＿＿＿＿

＿＿＿＿＿＿＿＿＿＿＿＿＿＿＿＿＿＿＿＿＿＿＿＿＿＿＿＿＿＿＿

＿＿＿＿＿＿＿＿＿＿＿＿＿＿＿＿＿＿＿＿＿＿＿＿＿＿＿＿＿＿＿。

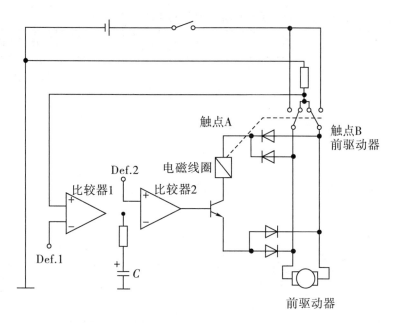

图 15 - 5　电动车窗控制电路

三、电动车窗的检修及故障诊断

1. 根据图 15 - 6 完成表 15 - 1。

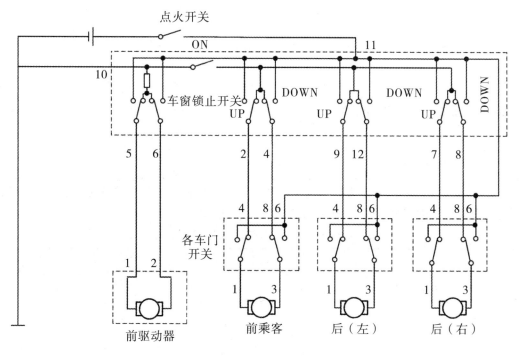

图 15 - 6　电动车窗控制电路

表 15 − 1　电动车窗的检测与故障诊断

常见故障	故障原因	诊断思路
某个车窗只能向一个方向运动		
某个车窗两个方向都不能运动		
所有车窗均不能升降或偶尔不能升降		
两个后车窗分开关不起作用		

2. 根据图 15 − 6 用万用表的欧姆挡按照表 15 − 2 检查总开关在车窗处于上升、下降和关闭状态时各个端子的导通(利用画线方式表示导通)情况。

表 15 − 2　电动车窗的检修表 1

位置	端子															
	左前				右前				左后				右后			
	5	6	10	11	2	4	10	11	9	10	11	12	7	8	10	11
向上																
关闭																
向下																

3. 根据图 15－6 用万用表的欧姆挡按照表 15－3 检查乘客车窗分开关在车窗处于上升、下降和关闭状态时各个端子的导通（利用画线方式表示导通）情况。

表 15－3 电动车窗的检修表 2

位置	端子				
	1	3	4	6	8
向上					
关闭					
向下					

四、电动天窗控制电路图分析

本田雅阁轿车电动天窗控制电路如图 15－7 所示。

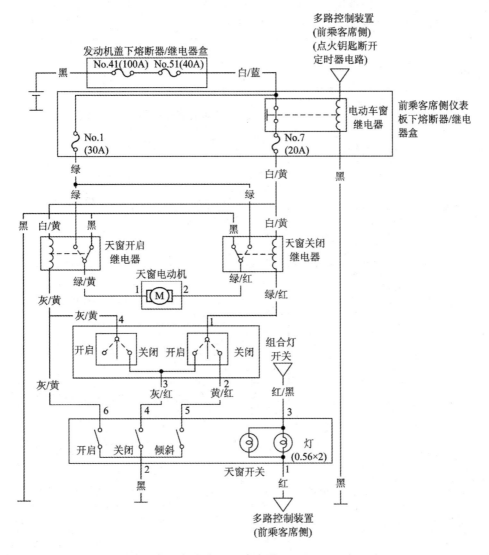

图 15－7 本田雅阁轿车电动天窗控制电路图

电动天窗开关打到开启位置时，电路中的电流流向为：_____

_____。

五、实训车电动车窗故障的诊断

1. 分组进行电动车窗故障诊断并按表 15 - 4 所示的考核表进行考核。

表 15 - 4　考 核 表

班级		姓名		学号		
工具	常用拆装工具 1 套，常用测量仪器 1 套		考试时间		年　月　日	
工作任务：某个电动车窗不工作故障诊断方法				车型：		
考核项目	1. 电动车窗面板拆装步骤；　4. 接线插头检测； 2. 驾驶员总开关故障诊断；　5. 电动车窗电机检测； 3. 乘客控制开关故障诊断；　6. 电动车窗机械检查。					
检查内容		检查结果				
电动车窗面板拆装步骤						
电动车窗总开关、接线插头、电动门窗机械检测		总开关□　乘客控制开关□　门窗电机□　门窗机械□ 接线插头□				
电动车窗电机、乘客控制开关检测						

序号	考核内容	配分	评分标准	
1	电动车窗面板拆装步骤	10	拆解顺序正确、操作规范、标记正确无误；零部件摆放有序，无损坏	
2	驾驶员总开关故障诊断	20	每漏检一项扣 5 分，检查不准确或不符合标准要求扣 20 分	
3	乘客控制开关故障诊断	10	每漏检一项扣 5 分，检查不准确或不符合标准要求扣 10 分	
4	接线插头检测	10	每漏检一项扣 5 分，检查不准确或不符合标准要求扣 10 分	
5	电动车窗电机检测	15	每漏检一项扣 5 分，检查不准确或不符合标准要求扣 15 分	
6	电动车窗机械检查	15	每漏检一项扣 5 分，检查不准确或不符合标准要求扣 15 分	
7	操作规范、场地整洁有序、安全	10	违反操作规程、环境不整洁每项扣 2 分	
8	文明素质	10	尊重师生、文明礼貌。	
考评人签名：		日期	年　月　日	得分

2. 完成表 15-5 所示的电动车窗维修表。

表 15-5　电动车窗维修表

××汽车维修服务有限公司任务委托书					
地址：　　　　　　　　　电话：　　　　　　传真：　　　　　　日期：					

客户名称				业务单号	
地址				车牌号码	
联系电话		联系人		车型	
发电机号		行驶里程		颜色　　　维修方式	
VIN 码		存油		预计完成日期	

	有√　　无×　　损○				
随车附件	前照灯	转向灯	制动灯	示宽灯	
	牌照灯	车内灯	收录机	天线	
	点烟器	烟缸	电子扇	摇把	
	空调器	反光镜	室内镜	车窗玻璃	
	刮水器	喇叭	车门拉手	靠垫座套	
	脚垫	遮阳板	轴头亮盖	千斤顶	
	备胎	随车工具	前车牌号	后车牌号	
	运营牌	微标	前商标	左后商标	存油
	中后商标	右后商标			E╎╎╎╎╎╎╎╎F

故障现象描述	
可能故障原因分析	

根据故障现象画出局部电路图：

序号	总开关门窗检测内容	结果分析	序号	乘客开关检测内容	结果分析
1	车窗保险的检测		1	乘客的右前门开关检测	
2	车窗继电器的检测		2	乘客的左后门开关检测	
3	驾驶员车窗总开关的电压检测		3	乘客的右后门开关检测	
4	左前门开关的检测		4	乘客的右前门电机检测	
5	右前门开关的检测		5	乘客的左后门电机检测	
6	左后门开关的检测		6	乘客的右后门电机检测	
7	右后门开关的检测		7	驾驶员车窗电机的检测	

结论：

※根据汽车维修行业管理部门规定：	※零件损坏是否更换　　口是　　口否
小修或日常修保修期：三天或 500 km；	本人对本单以上内容已经确认，并愿按上述要求进行维修和支付有关费用。
发动机总成大修保修期：三个月或 10 000 km；	
其他总成大修保修期：一个月或 5000 km。	本人已将车内现金、票据及贵重物品取走。
经办人：_____	用户签字：_____

学习体会

1. 你对活动中的哪个技能最感兴趣？为什么？

_____

2. 你觉得活动中哪个技能最有用？为什么？

_____

3. 你觉得活动中哪个技能的操作可以改进，以使操作更方便实用？请写出操作过程。

_____

4. 你还有哪些要求与设想？

_____

评价与反馈

_____

_____

任务十六　电动中央门锁的检修

学习目标

　　(1) 认识电动中央门锁系统各元件,了解其在汽车上的安装位置。
　　(2) 会识读电动中央门锁电路图。
　　(3) 能进行电动中央门锁系统的拆装。
　　(4) 能进行电动中央门锁的开关检测。
　　(5) 能进行电动中央门锁的电动机检测。

任务情景描述

　　一辆别克轿车电动中央门锁系统不工作。
　　记录故障现象,学习制订故障的维修工作计划;通过分析电动门锁电路,熟悉电动中央门锁系统的工作原理,根据故障现象分析可能的故障原因,并确定诊断流程;按正确操作规范逐项检测,查出故障原因,并总结出电动中央门锁系统常见故障的诊断与排除程序。

学习准备

　　与车辆维修有关的许多操作都会影响人身安全或健康,因此所有作业与程序以及材料的处理均应以安全及健康为前提。在使用任何产品前,均应查阅由制造厂或供应商所提供的产品使用说明书。
　　完成本次任务需要哪些设备、工具和耗材?

　　设备:＿＿＿＿＿＿＿＿＿＿＿＿＿＿＿＿＿＿＿＿＿＿＿＿＿＿＿＿＿＿

　　工具:＿＿＿＿＿＿＿＿＿＿＿＿＿＿＿＿＿＿＿＿＿＿＿＿＿＿＿＿＿＿

　　耗材:＿＿＿＿＿＿＿＿＿＿＿＿＿＿＿＿＿＿＿＿＿＿＿＿＿＿＿＿＿＿

工作内容

一、电动中央门锁控制系统的组成

　　1. 如图 16-1 所示,电动中央门锁控制系统主要包括发动机罩锁、PEPS 控制模块、右前车门锁、右后车门锁、背门锁、室外行李舱开启开关、左后车门锁、左前车门锁、背门开关和BCM。请写出图中带标号部件的名称。

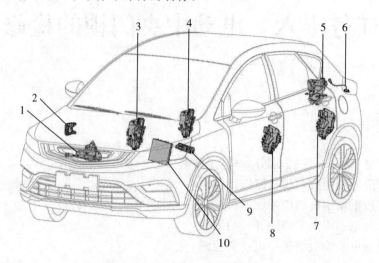

图 16-1　电动中央门锁控制系统

1—_____；2—_____；3—_____；4—_____；
5—_____；6—_____；7—_____；8—_____；
9—_____；10—_____。

2. 直流电动机式中央门锁的操纵机构如图 16-2 所示，写出各标号部件的名称。

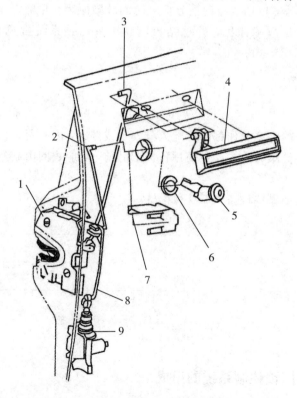

图 16-2　直流电动机式中央门锁的操纵机构

1—＿＿＿＿＿＿＿＿＿＿＿；2—＿＿＿＿＿＿＿＿＿＿＿；

3—＿＿＿＿＿＿＿＿＿＿＿；4—＿＿＿＿＿＿＿＿＿＿＿；

5—＿＿＿＿＿＿＿＿＿＿＿；6—＿＿＿＿＿＿＿＿＿＿＿；

7—＿＿＿＿＿＿＿＿＿＿＿；8—＿＿＿＿＿＿＿＿＿＿＿；

9—＿＿＿＿＿＿＿＿＿＿＿。

二、电动中央门锁控制原理

根据图 16-3 写出集成电路(IC)继电器控制的电动中央门锁控制器的工作过程。

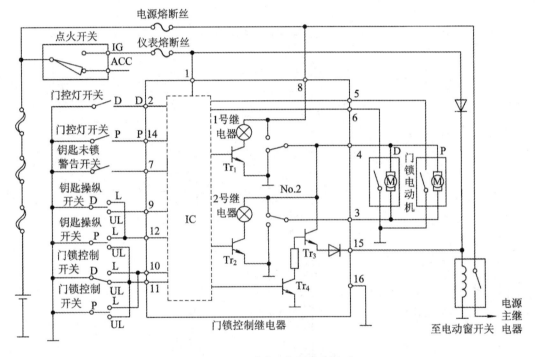

图 16-3 电动中央门锁控制电路

（1）锁门：＿＿＿＿＿＿＿＿＿＿＿＿＿＿＿＿＿＿＿＿＿＿＿＿＿＿＿

＿＿＿＿＿＿＿＿＿＿＿＿＿＿＿＿＿＿＿＿＿＿＿＿＿＿＿＿＿＿＿＿＿＿＿＿＿＿＿

＿＿＿＿＿＿＿＿＿＿＿＿＿＿＿＿＿＿＿＿＿＿＿＿＿＿＿＿＿＿＿＿＿＿＿＿＿＿。

（2）开锁：＿＿＿＿＿＿＿＿＿＿＿＿＿＿＿＿＿＿＿＿＿＿＿＿＿＿＿

＿＿＿＿＿＿＿＿＿＿＿＿＿＿＿＿＿＿＿＿＿＿＿＿＿＿＿＿＿＿＿＿＿＿＿＿＿＿＿

＿＿＿＿＿＿＿＿＿＿＿＿＿＿＿＿＿＿＿＿＿＿＿＿＿＿＿＿＿＿＿＿＿＿＿＿＿＿。

三、电动中央门锁故障与排除

　　一辆吉利帝豪汽车电动中央门锁开关不能上锁所有中控门锁，门锁控制电路如图 16-4 所示，分小组讨论并完成表 16-1。

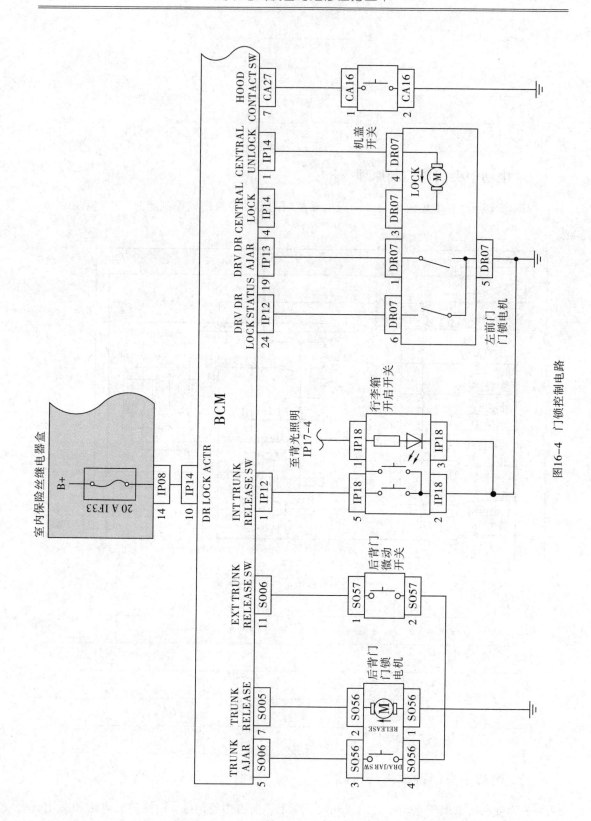

图16-4 门锁控制电路

表 16 - 1　电动中央门锁故障与排除表

（一）汽车电动中央门锁故障现象描述

（二）故障部位原因分析

（三）检测维修工具

序号	工具名称	数量	检查工具是否完好
1			
2			
3			

（四）检测流程

序号	项目	作业记录	序号	项目	作业记录
1			4		
2			5		
3			6		

结论和维修建议	
计划审核 （教师/小组长）	年　　月　　日　　签名：

学习体会

1. 你对活动中的哪个技能最感兴趣？为什么？

_____

2. 你觉得活动中哪个技能最有用？为什么？

_____

3. 你觉得活动中哪个技能的操作可以改进，以使操作更方便实用？请写出操作过程。

_____

4. 你还有哪些要求与设想？

_____

评价与反馈

_____

_____

任务十七　汽车空调系统的构造与性能测试

学习目标

（1）掌握汽车空调系统的基本知识、基本组成和基本工作原理。

（2）正确描述汽车空调制冷系统的组成、基本工作原理和主要组成件的结构及工作原理。

（3）会对汽车空调制冷系统进行维护和简单故障排除。

（4）掌握汽车空调系统的维护和检修的基本方法。

任务情景描述

一顾客反映其卡罗拉轿车在使用多年以后，空调的制冷效果明显变差。经初步检查，发现汽车空调压缩机的表面有明显油迹，疑似有冷冻机油泄漏现象。

要求对该车空调系统进行检修，查出故障原因并进行修复。

学习准备

与车辆维修有关的许多操作都会影响人身安全或健康，因此所有作业与程序以及材料的处理均应以安全及健康为前提。在使用任何产品前，均应查阅由制造厂或供应商所提供的产品使用说明书。

应在通风良好的环境中进行制冷剂相关作业，以免吸入制冷剂蒸汽。作业前应佩戴合适的护目镜与防护手套。从空调系统中清除 R134a 时，应使用经认证的满足要求的维修设备。如果系统发生意外排放，则在继续维修前，必须对工作区通风。

完成本次任务需要哪些设备、工具和耗材？

设备：＿＿＿＿＿＿＿＿＿＿＿＿＿＿＿＿＿＿＿＿＿＿＿＿＿＿＿＿＿＿＿＿＿＿＿

工具：＿＿＿＿＿＿＿＿＿＿＿＿＿＿＿＿＿＿＿＿＿＿＿＿＿＿＿＿＿＿＿＿＿＿＿

耗材：＿＿＿＿＿＿＿＿＿＿＿＿＿＿＿＿＿＿＿＿＿＿＿＿＿＿＿＿＿＿＿＿＿＿＿

工作内容

一、汽车空调系统部件及其控制面板

1. 在设备上操作学习，以图 17 - 1 所示比亚迪汽车空调控制面板为例，熟悉控制面板

上各按键的功能，并填空。

图 17-1　比亚迪汽车空调控制面板

（1）▇ A/C 控制着＿＿＿＿＿＿＿。

（2）▇与▇控制着＿＿＿＿＿＿＿。

（3）通风、▇选择＿＿＿＿＿＿＿。

（4）温度＋与温度－控制＿＿＿＿＿＿＿。

（5）▇＋与▇－控制＿＿＿＿＿＿＿。

2．依照图 17-2，写出空调控制面板中各标号按钮的名称。

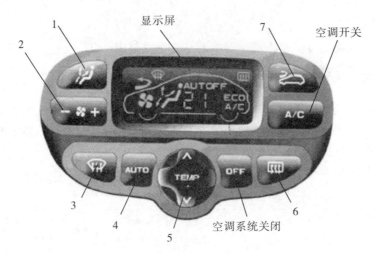

图 17-2　汽车空调控制面板（一）

1—＿＿＿＿＿＿＿＿＿＿＿；2—＿＿＿＿＿＿＿＿＿＿＿；

3—＿＿＿＿＿＿＿＿＿＿＿；4—＿＿＿＿＿＿＿＿＿＿＿；

5—＿＿＿＿＿＿＿＿＿＿＿；6—＿＿＿＿＿＿＿＿＿＿＿；

7—＿＿＿＿＿＿＿＿＿＿＿。

3. 写出图 17 - 3 所示汽车空调控制面板相应按钮的作用。

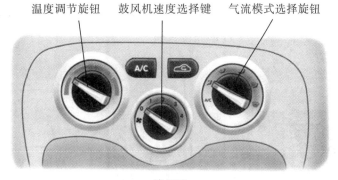

温度调节旋钮　　鼓风机速度选择键　　气流模式选择旋钮

旋钮型

图 17 - 3　汽车空调控制面板(二)

（1）温度调节旋钮：_____。

（2）鼓风机速度选择键：_____。

（3）气流模式选择旋钮：_____。

4. 写出图 17 - 4 所示汽车空调各部件的名称及作用。

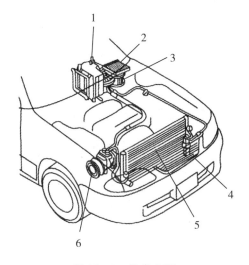

图 17 - 4　汽车空调

部件 1 的名称及作用：_____。

部件 2 的名称及作用：_____。

部件 3 的名称及作用：_____。

部件 4 的名称及作用：_____。

部件 5 的名称及作用：_____。

部件 6 的名称及作用：_____。

5. 压缩机知识。

（1）压缩机的作用：_____。

（2）写出图 17-5 中各标号部件的名称。

图 17-5 压缩机

1—_____；2—_____；

3—_____；4—_____；

5—_____。

（3）实训车的压缩机是什么类型的？_____。有多少个活塞？_____。活塞是单向的还是双向的？_____。

（4）使用厚薄规测得电磁离合器吸盘的间隙为_____，标准值为_____。

如果此间隙过小，则会出现何故障？_____

_____

如果此间隙过大，则会出现何故障？_____

_____

如果此间隙大小不符合标准，如何维修？_____

_____

（5）下列哪一个保护性设备直接安装在压缩机上？（   ）

A. 节温器   B. 可熔螺栓

C. 双压开关   D. 隔热器

6. 储液罐知识。

（1）储液罐的安装位置：_____。

（2）储液罐的功用：_____。

（3）写出图 17-6 中各标号部件的名称。

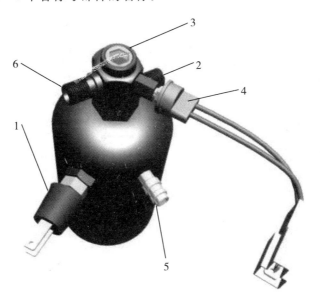

图 17-6　储液罐

1—_____；2—_____；3—_____；4—_____；
5—_____；6—_____。

7. 内平衡式热力膨胀阀知识。

（1）写出图 17-7 中各标号部件的名称。

1—_____；2—_____；3—_____；4—_____；
5—_____；6—_____；7—_____。

（2）膨胀阀的作用：_____。

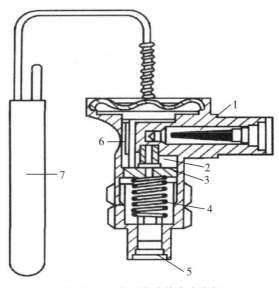

图 17-7　内平衡式热力膨胀阀

8. 汽车空调压力开关(见图 17 - 8)知识 。

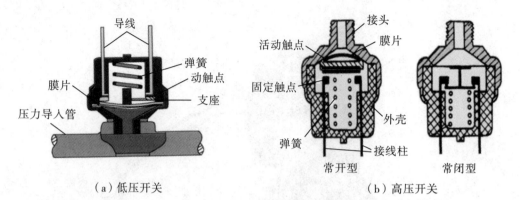

（a）低压开关　　　　　　　　　　　　（b）高压开关

图 17 - 8　汽车空调压力开关

（1）低压开关的作用：＿＿＿＿＿＿＿＿＿＿＿＿＿＿＿＿＿＿＿＿＿＿＿＿

＿＿＿＿＿＿＿＿＿＿＿＿＿＿＿＿＿＿＿＿＿＿＿＿＿＿＿＿＿＿＿＿＿＿＿。

（2）低压开关的工作原理：＿＿＿＿＿＿＿＿＿＿＿＿＿＿＿＿＿＿＿＿＿＿

＿＿＿＿＿＿＿＿＿＿＿＿＿＿＿＿＿＿＿＿＿＿＿＿＿＿＿＿＿＿＿＿＿＿＿。

（3）高压开关的作用：＿＿＿＿＿＿＿＿＿＿＿＿＿＿＿＿＿＿＿＿＿＿＿＿

＿＿＿＿＿＿＿＿＿＿＿＿＿＿＿＿＿＿＿＿＿＿＿＿＿＿＿＿＿＿＿＿＿＿＿。

（4）高压开关的工作原理：＿＿＿＿＿＿＿＿＿＿＿＿＿＿＿＿＿＿＿＿＿＿

＿＿＿＿＿＿＿＿＿＿＿＿＿＿＿＿＿＿＿＿＿＿＿＿＿＿＿＿＿＿＿＿＿＿＿。

9. 蒸发器(见图 17 - 9)知识。

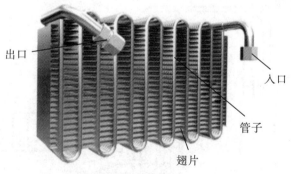

图 17 - 9　汽车空调蒸发器

（1）蒸发器的作用：＿＿＿＿＿＿＿＿＿＿＿＿＿＿＿＿＿＿＿＿＿＿＿＿＿

＿＿＿＿＿＿＿＿＿＿＿＿＿＿＿＿＿＿＿＿＿＿＿＿＿＿＿＿＿＿＿＿＿＿＿。

（2）蒸发器的安装位置：＿＿＿＿＿＿＿＿＿＿＿＿＿＿＿＿＿＿＿＿＿＿＿

＿＿＿＿＿＿＿＿＿＿＿＿＿＿＿＿＿＿＿＿＿＿＿＿＿＿＿＿＿＿＿＿＿＿＿。

10. 冷凝器(见图 17 - 10)知识。

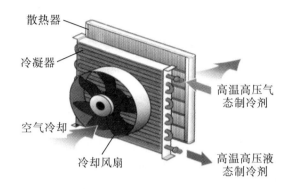

散热器

冷凝器

高温高压气
态制冷剂

空气冷却

冷却风扇

高温高压液
态制冷剂

图 17 - 10　汽车空调冷凝器

(1) 冷凝器的作用：_____。

(2) 冷凝器的安装位置：_____。

(3) 冷却风扇的作用：_____。

二、汽车空调制冷与暖风系统

1. 根据图 17 - 11 所示的制冷循环示意图，回答问题。

(1) 写出压缩过程的工作原理。

_____

_____

(2) 写出冷凝过程的工作原理。

_____

_____

(3) 写出节流过程的工作原理。

_____

_____

(4) 写出蒸发过程的工作原理。

_____

_____

(5) 写出干燥过程的工作原理。

_____

_____

（6）冷凝器与蒸发器的结构各有何特点？汽车空调系统常用冷凝器与蒸发器分为哪些类型？

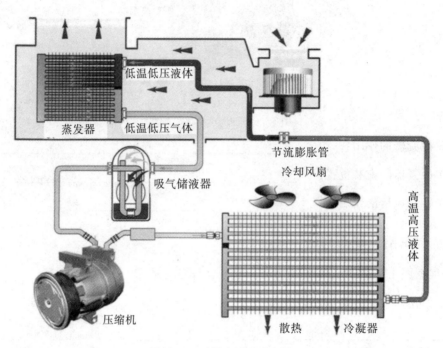

图 17-11　制冷循环示意图

2. 根据图 17-12 写出空调暖风系统的工作过程。

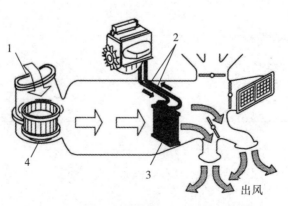

1—进风；2—发动机冷却水；3—加热器芯；4—鼓风机

图 17-12　空调暖风系统

3. 加热器芯有什么作用?

_____

_____

4. 水阀有什么作用?

_____

_____

5. 鼓风机有什么作用?

_____

_____

6. 将下列 A 到 D 项描述与相应的控件对应起来。

风扇控制：_____。

温度控制：_____。

模式控制：_____。

新鲜空气/循环空气控制：_____。

A. 该控件用于控制空气混合风门和加热阀

B. 该控件用于控制暖风风门、除霜风门和通风风门

C. 该控件用于调节送风机的转速

D. 该控件用于控制循环控制风门；利用此控制杆，可以在新鲜空气模式与循环模式之间切换

思考与练习

1. 判断题。

(　　)(1) 电磁离合器是压缩机总成的一部分。

(　　)(2) 冷凝器安装在车厢内。

(　　)(3) 汽车空调制冷系统中膨胀阀的作用是节流减压、控制负荷。

(　　)(4) 通过视液镜可以看到制冷剂的流动状态，从而判断制冷系统的工作状况。

(　　)(5) A/C 开关用于控制汽车空调是否投入工作。

(　　)(6) 蒸发器温度传感器通过检测蒸发器表面的温度来控制电磁离合器的工作。

(　　)(7) 在压缩机运行时，若用歧管压力表测得汽车空调系统高压、低压都偏低，则表明冷凝器翅片被脏物堵塞。

(　　)(8) 汽车空调通过使用加热器芯和冷凝器，并通过调整空气混合挡板和水阀的位置来调节温度。

(　　)(9) 制冷剂是一种热交换物质，在蒸发时散热，凝结时吸热。

(　　)(10) 自动空调利用传感器确定当前的温度，然后系统能够按需要自动调节暖风和冷风。

2. 选择题。

(1) 汽车空调系统中的哪个装置能够将气体制冷剂变为液态？（　　　）

A. 蒸发器　　　　　B. 膨胀阀　　　　　C. 冷凝器　　　　　D. 压缩机

(2) 关于汽车空调中的压缩机以下哪种说法不正确？（　　　）

A. 压缩机从蒸发器中吸入气态制冷剂。

B. 只有气态制冷剂可以压缩，否则会损坏压缩机。

C. 压缩机压缩制冷剂，产生高温高压的气态制冷剂进入蒸发器。

D. 低压侧压力高，高压侧压力低，此故障多数系压缩机内部有泄漏。

(3) 能将制冷剂的热量散发到大气中，使高温高压的蒸气变为高温高压的液体，这个装置是（　　　）。

A. 压缩机　　　　　B. 蒸发器　　　　　C. 冷凝器　　　　　D. 膨胀阀

(4) 以下关于汽车空调的叙述，哪一个是正确的？（　　　）

A. 汽车空调的制热功能是采用蒸发器作为热交换器加热空气来实现的。

B. 汽车空调的制冷功能是采用加热器芯作为热交换器冷却空气来实现的。

C. 汽车空调中的制冷剂在使用一段时间后逐渐减少，因此，必须定期检查制冷剂的量。

D. 汽车空调自动控制制冷功能，而制热功能靠手动控制。

学习体会

1. 你对活动中的哪个技能最感兴趣？为什么？

_____

2. 你觉得活动中哪个技能最有用？为什么？

_____

3. 你觉得活动中哪个技能的操作可以改进，以使操作更方便实用？请写出操作过程。

_____

4. 你还有哪些要求与设想？

_____

评价与反馈

_____

_____

任务十八　汽车空调系统的检修

学习目标

（1）能够按要求完成抽真空的工作。

（2）能够按要求完成加注制冷剂的工作。

（3）掌握汽车空调控制系统的控制原理。

（4）具有对汽车空调常见故障进行分析、诊断和排除的能力。

（5）会利用电路图判断空调控制电路故障。

任务情景描述

一车主反映其比亚迪汽车在按下空调开关进入制冷模式时，出风口出风量正常却无冷风，车内温度无法降低。

要求收集车辆相关信息，查阅资料，了解不同车型的汽车空调系统的相关知识；对比亚迪汽车空调制冷系统及电路进行分析，理解空调制冷系统的工作过程；依据故障现象分析可能的原因，制订诊断流程；选择合适的仪器进行检测，查出故障原因并进行修复。

学习准备

与车辆维修有关的许多操作都会影响人身安全或健康，因此所有作业与程序以及材料的处理均应以安全及健康为前提。在使用任何产品前，均应查阅由制造厂或供应商所提供的产品使用说明书。

进行空调系统检修时，必须遵守制造厂商提供的说明，并佩戴适当的护目镜与防护手套。皮肤接触制冷剂可能会导致冻伤，如果皮肤或眼睛接触到制冷剂，应立即用水冲洗接触部位，并在有需要时寻求医疗援助。不可在任何情况下将制冷剂直接排放至大气中。不可混用制冷剂，如不可将 R12（二氯二氟甲烷）与 R134a（四氟乙烷）混用。

完成本次任务需要哪些设备、工具和耗材？

设备：_____

工具：_____

耗材：_____

工作内容

一、歧管压力表和真空泵

1. 根据图 18－1 中的标号写出歧管压力表各部件的名称。

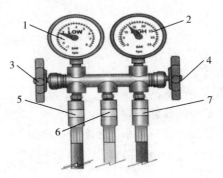

图 18－1　歧管压力表

1—_____；2—_____；3—_____；4—_____；

5—_____；6—_____；7—_____。

2. 抽真空。

（1）设置抽真空时间为_____ min，高压阀_____（打开/关闭），低压阀_____（打开/关闭），启动抽真空程序。

（2）抽真空完成后，高压压力为_____ MPa，低压压力为_____ MPa。

（3）抽真空完成后，需进行真空测漏：将高压阀_____（打开/关闭），低压阀_____（打开/关闭），保持足够长时间而真空度不下降，表示不泄漏。

3. 读图 18－2、图 18－3 和图 18－4，回答问题。

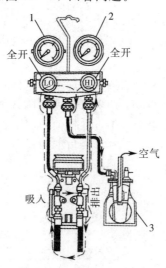

1—低压计；2—高压计；3—真空泵

图 18－2　制冷系统抽真空

（1）抽真空的目的是什么？如何利用歧管压力表和真空泵抽真空？

_____

_____

_____

_____

_____

（2）写出高压侧充注法的操作步骤。

_____

_____

_____

_____

_____

_____

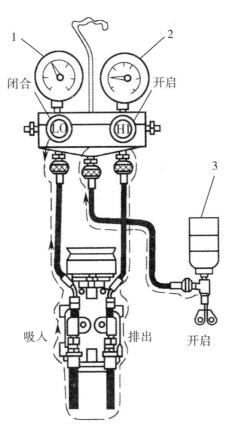

1—低压计；2—高压计；3—制冷剂罐

图 18-3　从高压侧加注制冷剂

(3) 写出低压侧充注法的操作步骤。

_____

_____

_____

_____

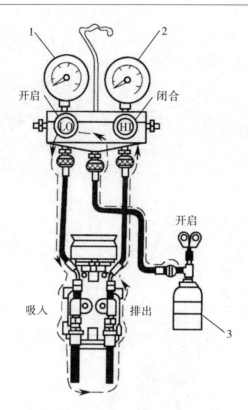

开启　　　　　　　　闭合

吸入　　　　　　排出

1—低压计；2—高压计；3—制冷剂罐

图 18-4　从低压侧加注制冷剂

二、制冷剂的回收和加注

1. 制冷剂的回收。

(1) 实训中制冷系统的制冷剂标准加注量为_____ g，使用回收加注机回收制冷剂时，一般设定回收值为_____ g。

(2) 回收制冷剂时，回收加注机的高压阀_____（打开/关闭），低压阀_____（打开/关闭）。

2. 添加机油。

(1) 提前在回收加注机的润滑机油储液罐中添加足量的新机油，打开机油加注阀，将_____ mL 润滑机油吸进车辆的空调管路中。

注意：如果润滑机油加注量过少，会造成_____。

如果润滑机油加注量过多，会造成_____。

（2）关闭机油加注阀，再执行 5 min 的抽真空程序，因为：＿＿＿＿＿＿＿＿＿＿＿

＿＿。

（3）润滑机油量标准。依据维修手册，在表 18 - 1 中填写制冷系统中润滑机油量标准。

表 18 - 1　润滑机油量标准　　　　　　（单位：mL）

元　　件	加　油　量
蒸发器	
冷凝器组件	
软管	
硬管	

3. 加注制冷剂。

（1）关闭发动机，在回收加注机中设置制冷剂加注量为＿＿＿＿＿＿＿ g。

（2）将回收加注机的高压阀＿＿＿＿＿＿＿（打开/关闭），低压阀＿＿＿＿＿＿＿（打开/关闭），按下启动按钮，开始加注。

（3）加注完成后，关闭高、低压阀门，此时系统的高压压力为＿＿＿＿＿＿＿ bar，低压压力为＿＿＿＿＿＿＿ bar。

（4）启动空调，怎样检查车辆的制冷是否良好？＿＿＿＿＿＿＿＿＿＿＿＿＿＿＿＿＿＿。

4. 讨论：

（1）从高压侧加注的制冷剂是＿＿＿＿＿＿＿态（气/液），从低压侧加注的制冷剂是＿＿＿＿＿＿＿态。

（2）从高压侧加注能否运转空调？＿＿＿＿＿＿＿，因为：＿＿＿＿＿＿＿＿＿＿＿＿＿

＿＿。

（3）从低压侧加注能否倒置储液罐？＿＿＿＿＿＿＿，因为：＿＿＿＿＿＿＿＿＿＿＿＿

＿＿。

（4）从低压侧加注能否用火加热储液罐？＿＿＿＿＿＿＿，因为：＿＿＿＿＿＿＿＿＿

＿＿。

（5）应当采取下列哪些措施保护一个空的空调系统？（　　　）

A. 至少应将系统敞开 24 h，以便让所有的制冷剂挥发掉。

B. 在修理期间，应将所有的开口牢固地堵塞。

C. 应采用压缩空气清理系统。

D. 每天应将系统运行几分钟以防止压缩机卡滞。

（6）在进行制冷剂回收操作时，必须遵守下列哪项操作前注意事项？（　　　）（允许有多项选择）

A. 必须佩戴安全护目镜以保护眼睛。

B. 制冷剂容器应存放在车间内温度最高的地方。

C. 必须确认车间具备良好的通风条件。

D. 在怠速下，发动机必须运转至散热风扇启动两次。

5. 现在你是否能够独立完成制冷剂的回收和加注？

是□　　　　否□

三、制冷剂泄漏检查

1. 电子检漏仪的使用。

（1）电子检漏仪的组成：_____

_____。

（2）在高压或低压维修孔处设置轻微泄漏，使用电子检漏仪进行泄漏测试。测试时检测头放于泄漏点的上方还是下方？_____。如果检测到泄漏，则电子检漏仪出现什么现象？_____

_____

（3）为了不使电子检漏仪失灵，使用时需确保：①_____；

②_____。

2. 讨论。

（1）结合实际情况，写出制冷系统容易出现泄漏的位置。

_____

_____

（2）制冷剂测漏的方法除了电子检漏仪测漏和紫外线灯测漏以外，还包括哪些？

_____

_____

（3）对 R134a 系统，应采用下列哪种泄漏检测方法？（　　　）

A. 使用荧光染色式泄漏检测仪进行检查。

B. 在系统完全加注或未完全加注的情况下，使用肥皂水进行检查。

C. 在系统完全加注的情况下，使用电子检漏仪进行检查。

D. 在系统完全加注或未完全加注的情况下，使用电子检漏仪进行检查。

（4）检测低压管路时，应当怎样进行泄漏检测？（　　　）

A. 应当在系统接通的情况下进行检测。

B. 应当在系统断开的情况下进行检测。

C. 应当在系统接通或断开的情况下进行检测。

D. 应当在系统接通和断开两种情况下进行检测。

（5）检测高压管路时，应当怎样进行泄漏检测？（　　　）

A. 应当在系统接通的情况下进行检测。

B. 应当在系统断开的情况下进行检测。

C. 应当在系统接通或断开的情况下进行检测。

D. 应当在系统接通和断开两种情况下进行检测。

四、汽车空调维修作业记录表

1. 完成作业前准备表（见表 18-2）。

表 18-2　作业前准备表

序号	项　目	作业记录
1	汽车停放和三角块放置状况	
2	座套、方向盘套、换挡手柄套、脚垫、翼子板护围安装状况	
3	仪器、设备、工具数量	
4	线束连接状况	
5	发电机机油液位	
6	冷却液液位	
7	蓄电池电压	
8	空调皮带松紧度	
9	鼓风机最大挡正吹时（外循环）仪表台正面各出风口风速	

2. 完成汽车空调系统故障诊断表(见表 18 - 3)。

表 18 - 3 汽车空调系统故障诊断表

序号	项目	作业记录
1	故障现象确认	故障现象描述：
2	故障可能原因	
3	故障检测结果	
4	检测结果分析及故障点确认	

3. 完成汽车空调制冷剂的回收与加注表(见表 18 - 4)。

表 18 - 4　汽车空调制冷剂的回收与加注表

序号	项目	作业记录	
1	制冷剂纯度检测	海拔高度设定:	
		纯度检测结果:	
		检测结果判断:	
2	制冷剂泄漏检查	检漏方法:	
		泄漏部位:	
3	回收管路连接	管路连接结果:	
4	制冷剂回收	制冷剂回收结果:	
5	制冷剂净化	制冷剂净化结果:	
6	初抽真空	抽真空时间设定:	
		抽真空结果:	
7	保压	保压后真空度:	
		结果判断:	
8	注油	排出油量:	
		注油瓶的油量:	
		设定注油量:	
		实际注油量:	
9	抽真空	抽真空时间设定:	
		抽真空结果:	
10	定量加注制冷剂	加注量设定:	
		加注结果:	
11	管路回收	管路回收结果:	
12	空调性能检测	空调系统类型设置:	
		汽车空调诊断仪诊断结果:	
		高压侧压力:	
		低压侧压力:	
		环境温度:	环境湿度:
		空调出风口温度:	出风口湿度:
		根据吸气压力与周围环境温度图表进行标注	
		根据送风温度与周围环境温度图表进行标注	
		空调性能检验结果:	

五、空调维修

进行空调维修的实际操作,完成表 18 - 5。

表 18-5　空调维修项目实操评分表

序号	评分项目	配分	评判标准	得分
一	作业前准备	5	共 10 项，每项 0.5 分。要求动作到位、方法正确、数值正确，三条中任一条不规范，该项不得分。没有检查皮带，扣 0.5 分；万用表没有归零，扣 0.5 分。	
二	初始化检查	7	共 7 项，每项 1 分。要求动作到位、方法正确、数值正确，三条中任一条不规范，该项不得分。没有检查后排出风口，扣 0.5 分。	
三	制冷剂回收、加注			
1	制冷剂纯度检测	5	未进行海拔高度设定，扣 1 分。	
			未正确连接管路，扣 1 分(低压管)。	
			未记录检测结果，扣 1 分。	
			未正确判断检测结果，扣 2 分。	
2	制冷剂泄漏检查	10	未先检测空调压力，扣 4 分。	
			未对检查部位(高压接口、低压接口、高压传感器、蒸发箱进口、蒸发箱出口、压缩机进口、压缩机出口、低压管中间等共 8 个)接头进行检漏，少一个扣 0.5 分，共 4 分。	
			未记录检测结果，扣 1 分。	
			未正确判断检测结果，扣 1 分。	
3	空调初始压力检查	7	记录不正确一项扣 1 分。	
			发动时间不到 3 min 扣 1 分。	
4	制冷剂回收	10	在连接高、低压接头之前没有关掉阀门，扣 1 分。	
			未进行排气，扣 1 分。	
			工作罐初始制冷剂量记录错误，扣 1 分。	
			未记录回收后空调压力，扣 1 分。	
			未记录回收量，扣 2 分。	
			未完成制冷剂回收，扣 3 分。	
			未记录排出油量，扣 1 分。	
5	制冷剂净化(不做净化)	2	单一制冷剂的纯度标准：R134a 大于 96%。	
			制冷剂的净化方法：设备自动净化。	
6	初抽真空	6	未设定抽真空时间(3 min)，扣 1 分。	
			未完成抽真空过程，扣 3 分。	
			未记录抽真空结果，扣 2 分。	
7	加注冷冻机机油	4	未记录注油瓶的油量，扣 1 分。	
			未正确设定注油量，扣 1 分。	
			实际注油量不正确，扣 2 分。	

8	再抽真空	6	未设定抽真空时间(5 min)，扣1分。	
			未完成抽真空过程，扣2分。	
			未记录抽真空结果，扣1分。	
			未设定保压时间(1 min)，扣1分。	
			未记录保压后的真空度，扣1分。	
9	定量加注制冷剂	8	未正确设定加注量，扣1分。	
			未完成制冷剂加注，扣3分。	
			未记录加注结果，扣2分。	
			完成后未正确拆卸管路(先关掉阀门)，扣1分。	
			未清理管路，扣1分。	
10	空调性能检验	15	未正确设置空调系统，扣3分。	
			未记录高压侧压力，扣1分。	
			未记录低压侧压力，扣1分。	
			未记录环境温度，扣1分。	
			未记录环境湿度，扣1分。	
			未记录空调出风口温度，扣1分。	
			未记录空调出风口湿度，扣1分。	
			未根据吸气压力与周围环境温度图表进行标注，扣2分。	
			未根据空调送风温度与周围环境温度图表进行标注，扣2分。	
			未正确判断空调性能，扣2分。	
11	安全文明规范操作	15	工装以及工作现场不整洁(三角木没有收回，1个扣0.25分，共1分；翼子板没有收回，1个扣0.25分，四件套没有收回，1套扣0.25分，共1分；工具没有收回，扣1分，共3分。	
			未能规范使用设备仪器、工量具，扣3分(其中，移动冷媒回收加注机前没有解开轮子锁扣，扣1分，移动后没有锁定，扣1分)。	
			出现影响安全的操作，扣2分。	
			完工后没有对高、低压接头进行检漏，扣1分。	
			电瓶正极柱盖子没有盖好，扣1分。	
			没有检查手动阀，扣1分。	
			跨线，扣1分。	
			接触高、低压阀门不带橡胶手套，扣1分。	
			接触高、低压阀未戴护目镜，扣1分。	
			未按要求进行环保处理(没有开启尾排)，扣1分。	
操作用时			分　　　　秒	
合计		100		

思考与练习

选择题。

1. 将液态制冷剂注入完全排空的空调系统时，下列哪一个程序正确？（   ）

A. 确保低压手动阀打开

B. 确保整个过程低压手动阀打开，并让制冷剂罐倒置

C. 采用从高压侧给系统注入制冷剂时，不要运转发动机

D. 注入完成后，完全关闭低压手动阀

2. 以下说法正确的是（   ）。

A. 延长抽真空的时间，可以有效地排除空调系统中存在的水分

B. 进入空调系统的水分是可以被干燥罐吸收的，所以不用担心水分的进入

C. 冰堵多在干燥罐处产生

D. 几滴水进入空调系统不足以对空调系统造成不良的影响

学习体会

1. 你对活动中的哪个技能最感兴趣？为什么？

_____

2. 你觉得活动中哪个技能最有用？为什么？

_____

3. 你觉得活动中哪个技能的操作可以改进，以使操作更方便实用？请写出操作过程。

_____

4. 你还有哪些要求与设想？

_____

评价与反馈

_____

_____

任务十九　汽车电路图识读与电路分析

学习目标

（1）了解汽车整车电路的组成及电路图的种类。

（2）掌握各车系电路原理图的特点。

（3）掌握汽车电路的接线规律和识读电路图的要点。

（4）能够针对典型车系汽车电路进行分析，熟练识读汽车电路图。

（5）能运用常用故障诊断方法根据汽车电路图排除故障。

任务情景描述

现代汽车电气设备越来越多，电路线路越来越复杂。依据实际实训条件，选取几种典型车系汽车电路，了解汽车电路中常用图形符号、标志的具体含义，读懂汽车总电路图，掌握识读汽车电路图的规律，锻炼依据汽车电路图排除故障的技能。对典型汽车系统的电路进行详细的分析，初步掌握全车线路的故障诊断与排除方法。

学习准备

与车辆维修有关的许多操作都会影响人身安全或健康，因此所有作业与程序以及材料的处理均应以安全及健康为前提。在使用任何产品前，均应查阅由制造厂或供应商所提供的产品使用说明书。

完成本次任务需要哪些设备、工具和耗材？

设备：＿＿＿＿＿＿＿＿＿＿＿＿＿＿＿＿＿＿＿＿＿＿＿＿＿＿＿＿＿＿＿＿

工具：＿＿＿＿＿＿＿＿＿＿＿＿＿＿＿＿＿＿＿＿＿＿＿＿＿＿＿＿＿＿＿＿

耗材：＿＿＿＿＿＿＿＿＿＿＿＿＿＿＿＿＿＿＿＿＿＿＿＿＿＿＿＿＿＿＿＿

工作内容

一、汽车电路部件

1. 写出图 19－1 中部件 A 到 D 的名称。

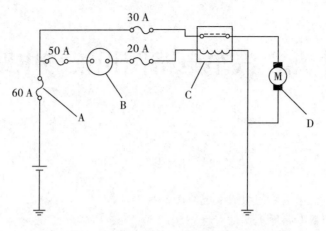

图 19-1 电路图

A—＿＿＿＿＿＿＿＿；B—＿＿＿＿＿＿＿＿；C—＿＿＿＿＿＿＿＿；D—＿＿＿＿＿＿＿＿。

2. 在指定给您的车辆上，指出以下部件的位置，并将位置写在空格处。

A. SRS 装置＿＿＿＿＿＿＿＿＿＿＿＿＿＿＿＿＿＿＿＿。

B. 右前照灯保险丝＿＿＿＿＿＿＿＿＿＿＿＿＿＿＿＿＿＿＿。

C. 喇叭继电器＿＿＿＿＿＿＿＿＿＿＿＿＿＿＿＿＿＿。

D. 后车窗除雾器搭铁 G901 ＿＿＿＿＿＿＿＿＿＿＿＿＿＿。

E. 刮水器/清洗器电路间歇关闭时间控制器＿＿＿＿＿＿＿＿＿＿＿＿＿。

3. 根据图 19-2，下列哪一个是正确的？（　　　）

A. 点火开关共有 4 个位置。

B. 点火开关共有 5 个端子。

C. 接通时，点火开关同时为 4 个电路分配电源。

D. 点火开关包括 4 个单独的开关。

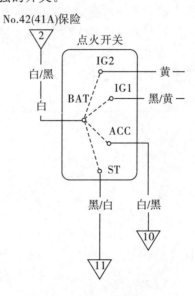

图 19-2 点火开关电路

4. 根据表 19 - 1 所示点火开关检查表，下列哪一个是正确的？（ ）

A. 在位置Ⅲ（启动）时，从端子 BAT 通过端子 IG1 为端子 ST 提供电源

B. 点火开关由 5 个 4 位开关组成

C. 在位置Ⅰ（ACC）和Ⅱ（ON）时，ACC 端子应与地线导通

D. 在位置Ⅱ时，四个端子（ACC、BAT、IG1 和 IG2）间应导通

表 19 - 1 点火开关检查表

位置	端　子				
	白/黑（ACC）	白（BAT）	黑/黄（IG1）	黄（IG2）	黑/白（ST）
0（锁定）					
Ⅰ（自动点火控制）	○——————○				
Ⅱ（接通）	○——————○		○————○		
Ⅲ（启动）		○————————○			○

二、丰田车系电路图形符号

将丰田车系电路图中使用的图形符号的含义填入表 19 - 2 中。

表 19 - 2 丰田车系电路图中使用的图形符号

图形符号	含义	图形符号	含义	图形符号	含义
		FUEL			

三、通用车系电路图的标识

图 19 - 3 所示为上海别克轿车自动变速器控制电路图，指出通用车系电路图各部分的含义。

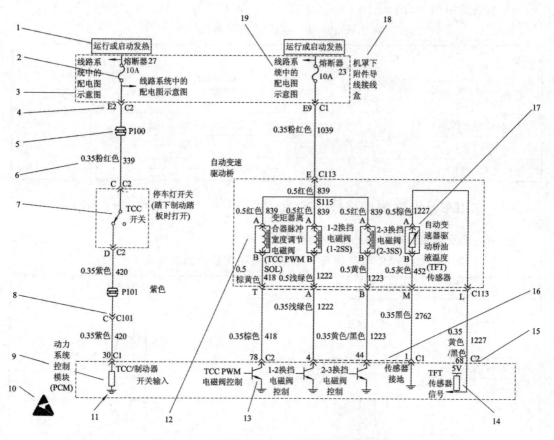

图 19 - 3　上海别克轿车自动变速器控制电路图

1：_____。

2：_____。

3：_____。

4：_____。

5：_____。

6：_____。

7：_____。

8：_____。

9：_____。

10：_____。

11：_____。

12：_____。

13：_____。

14：_____。

15：_____。

16：_____。

17：_____。

18：_____。

19：_____。

四、大众汽车电路图的标识方法

1. 现以大众汽车部分电路为例进行说明，如图 19 - 4 所示，完成识读过程，并完成表 19 - 3。

表 19 - 3　大众汽车符号含义

符　　号	含　　义
J2	
A13	
T29/8	
$\boxed{102}$、$\boxed{128}$、$\boxed{238}$	
K6	

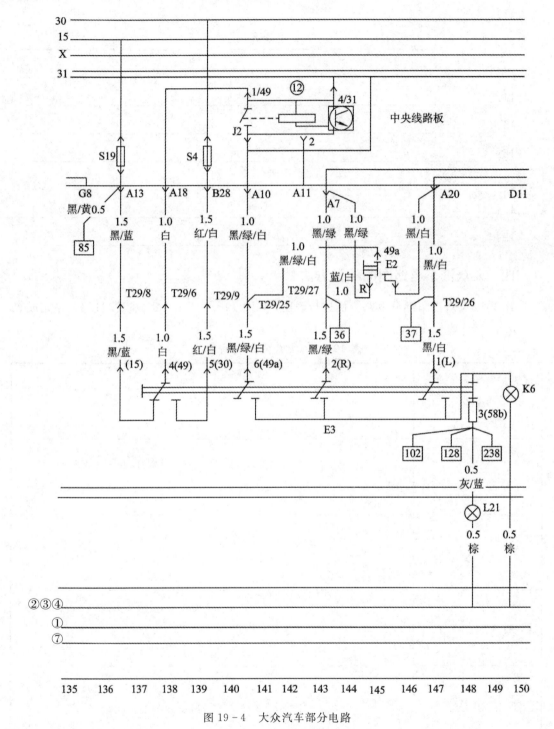

图 19-4　大众汽车部分电路

2. 大众车系电气线路图上的一些统一符号，如"30""15""X""31"等分别表示什么？大众车系电路图有什么特点？

五、典型汽车电路分析

丰田花冠轿车照明系统电路如图 19-5 所示，对照明系统电路进行分析。

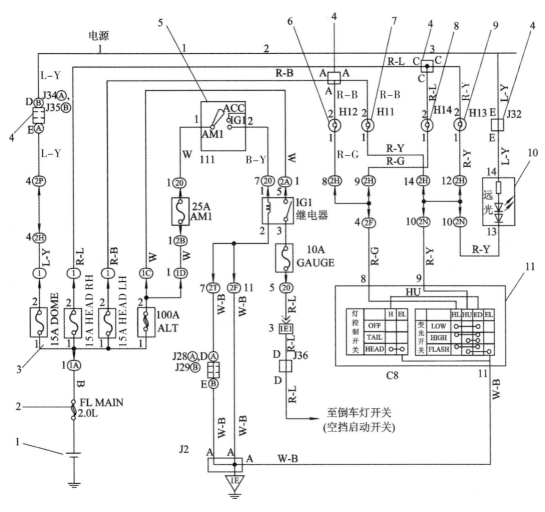

1—蓄电池；2—熔断器；3—熔断丝盒；4—中继线连接器；5—点火开关；6—左前照灯（近光）；7—左前照灯（远光）；
8—右前照灯（近光）；9—右前照灯（远光）；10—组合仪表远光指示灯；11—组合开关

图 19-5　丰田花冠轿车前照灯（不带自动灯控制）电路

（1）该车前照灯电路的主要组成元件有：_____。

（2）当组合开关从"OFF"旋至"HEAD"，变光开关在"LOW"位置时，前照灯（蓄电池
供电时）电流通路为（写出电流回路）：_____

_____

_____。

（3）当组合开关从"OFF"旋至"HEAD"，变光开关在"HIGH"位置时，前照灯（蓄电池
供电时）电流通路为（写出电流回路）：_____

_____

_____。

（4）当变光开关拉至"FLASH"位置（车灯开关在"OFF"或其他位置）时，前照灯（蓄电池供电时）电流通路为（写出电流回路）：_____

_____

_____。

思考与练习

判断题。

（　　）（1）连接蓄电池与启动机的导线应以工作电流大小来选定。

（　　）（2）硅整流发电机调节器应与所选用的发电机电压、功率、搭铁极性相匹配。

（　　）（3）电动车窗一般装有两套开关，分别为总开关和分开关，这两个开关之间是互相独立的。

（　　）（4）每个电动后视镜的镜片后面都有 4 个电动机来实现后视镜的调整。

学习体会

1. 你对活动中的哪个技能最感兴趣？为什么？

_____

2. 你觉得活动中哪个技能最有用？为什么？

_____

3. 你觉得活动中哪个技能的操作可以改进，以使操作更方便实用？请写出操作过程。

_____

4. 你还有哪些要求与设想？

_____

_____

评价与反馈

_____

_____

"汽车电气设备与维修"模拟试卷(A 卷)

班级_____ 姓名_____ 学号_____

一、判断题(每题 2 分,共 20 分)

1. 汽车正常行驶时,充电指示灯突然发亮,表明充电系统有故障。( )

2. 启动时应先使电动机通电,然后将驱动齿轮啮入飞轮齿圈。( )

3. 断电器触点刚刚闭合时产生高压电。( )

4. 前后雾灯均属于照明灯。( )

5. 数字式电子仪表具有自诊断功能。( )

6. 空调压缩机是由发动机带动旋转的,所以发动机运转,压缩机便运转。( )

7. 目前国内外汽车上广泛应用的是永磁式电动刮水器。( )

8. 拔开插接器时,先将插接器的锁止解除,再往外拉插接器的引线即可分开。( )

9. 发动机转速加快时,点火提前角应增大。( )

10. 筒形电喇叭音调的调整是通过调整衔铁与铁芯之间的间隙来实现的。( )

二、填空题(每空 1 分,共 20 分)

1. 交流发电机的工作特性包括_____、_____和_____。

2. 前照灯主要由_____、_____和_____三部分组成。

3. 常用的信号发生器有_____、_____和光电感应式等几种形式。

4. 汽车电路图常见的有_____、_____、布线图等。

5. 无分电器式电子点火系统同时点火高压配电有两种形式,分别为二极管分配方式和_____分配方式。

6. 汽车空调制冷系统一般由_____、_____、_____、_____和储液干燥器等机械部件组成。

7. 汽车空调制冷系统抽真空时需要用的仪器是_____和_____。

8. 汽车上常见的仪表装置有_____、_____、_____和机油压力表等。

三、选择题(每题 2 分,共 30 分)

1. 更换卤素灯泡时,甲认为可以用手指接触灯泡的玻璃部位,乙认为不能。你认为( )。

A. 甲正确　　　　　　B. 乙正确　　　　　　C. 甲、乙都对

2. 汽车大灯一侧亮,另一侧暗,则说明( )。

A. 变光开关接触不良

B. 大灯暗的这一侧搭铁不良

C. 车灯开关故障

3. 微机控制电子点火系统的基本点火提前角是根据（　　　）确定的。

A. 节气门位置和进气温度信号

B. 爆震和冷却水温度信号

C. 转速和负荷信号

4. 汽车空调系统易熔塞的作用是（　　　）。

A. 密封制冷剂　　　　　　　　　　B. 排出高压高温制冷剂

C. 观察制冷剂

5. 汽车空调系统中的哪个装置能够将气体制冷剂变为液态？（　　　）

A. 蒸发器　　　　　B. 膨胀阀　　　　　C. 冷凝器　　　　　D. 压缩机

6. 大众车系电路图上方的四条横线中，搭铁线是（　　　）。

A. 标注 31 的线　　　　　B. 标注 30 的线　　　　　C. 标注 15 的线

7. 在研究断电器触点的闭合角时，甲认为触点的间隙大，闭合角就大，乙认为触点的间隙小，闭合角大。你认为（　　　）。

A. 甲对　　　　　　　　　　　　　B. 乙对

C. 甲、乙都对　　　　　　　　　　D. 甲、乙都不对

8. 火花塞的热特性是用热值（数字 1～9）来表示的，甲认为数字越大，火花塞越冷，乙认为数字越小，火花塞越冷。你认为（　　　）。

A. 甲对　　　　　　　　　　　　　B. 乙对

C. 甲、乙都对　　　　　　　　　　D. 甲、乙都不对

9. 蓄电池在补充充电过程中，第一阶段的充电电流应选取其额定容量的（　　　）。

A. 1/10　　　　　B. 1/15　　　　　C. 1/20

10. 发电机调节器是通过调整（　　　）来调整发电机电压的。

A. 发电机的转速　　　　　B. 发电机的励磁电流　　　　　C. 发电机的输出电流

11. 电路图上部的 4 根导线分别标注有"30""15""X""31"，其中"30"表示（　　　）。

A. 常火线　　　　　　　　　　B. 接小容量电器的火线

C. 接大容量电器的火线　　　　D. 接地线

12. 甲认为控制转向灯闪光频率的是转向开关，乙认为是闪光器。你认为（　　　）。

A. 甲对　　　　　　　　　　　　　B. 乙对

C. 甲、乙都对　　　　　　　　　　D. 甲、乙都不对

13. 汽车制冷系统加注制冷剂的正确方法是（　　　）。

A. 启动压缩机，从高压端加注　　　　B. 启动压缩机，从低压端加注

C. 压缩机停转，从低压端加注

14. 技师甲说，如果在公共电刷和高速电刷之间接入的电枢绕组多，电枢的磁性就小，因而反电势就小，电动机便转得快；技师乙说，电枢的反电势越小，电枢电流越大。你认为（　　　）。

A. 甲对　　　　　　　　　　　　　B. 乙对

C. 甲、乙都对　　　　　　　　　　D. 甲、乙都不对

15. 启动机中，电枢电流越大，转速将（　　　）。

A. 升高　　　　　B. 降低　　　　　C. 不变

四、综合题(共 30 分)

1. 电磁操纵强制啮合式启动机电磁开关中的吸引线圈和保持线圈,在启动前后其电流方向有无改变?为什么?(10 分)

2. 简述汽车空调制冷循环系统的原理,并简述制冷循环系统的工作过程和从低压侧加注制冷剂的注意事项。(10 分)

3. 对前照灯的基本要求是什么?防眩目措施有哪些?(10 分)

"汽车电气设备与维修"模拟试卷(B 卷)

班级_____   姓名_____   学号_____

一、判断题(每题 2 分,共 20 分)

1. 筒形电喇叭音量的调整是通过调整衔铁与铁芯之间的间隙来实现的。(   )

2. 车窗齿轮、齿条将电动机的旋转运动变为车窗玻璃的上下运动。(   )

3. 电动座椅系统六方向电动调整座椅,可用一台可逆的、永磁式三电刷的电动机完成调整。(   )

4. 磁感应式点火信号发生器提供的点火信号幅值与发动机转速无关。(   )

5. 汽车上所有用电设备的电流都通过电流表。(   )

6. 汽车空调制冷系统中膨胀阀的作用是节流减压、控制负荷。(   )

7. R134a 作为 R12 的替代产品,在常温常压下是一种无色、无味、无毒的气体。(   )

8. IGT 信号为点火反馈信号,IGF 信号为点火正时信号。(   )

9. 在阅读电路图时,应掌握回路原则,即电路中工作电流由电源正极流出,经用电设备后流回电源负极。(   )

10. 前照灯的近光灯丝安装在反射镜的焦点位置。(   )

二、填空题(每空 1 分,共 20 分)

1. 汽车转向信号系统中一般闪光频率是_____次/分钟。

2. 无分电器式电子点火系统同时点火,高压配电有两种形式,分别为_____分配方式和_____分配方式。

3. 新型高压放电氙灯的组件系统由_____、_____和升压器组成。

4. 电磁式冷却液温度表所采用的传感器一般为热敏电阻式,当水温升高时,传感器的阻值变_____,水温表指示变_____。

5. 启动机电磁开关的_____线圈直接搭铁,_____线圈通过电动机内部搭铁。

6. 汽车空调制冷系统抽真空时需要用的仪器是_____和_____。

7. 汽车上常见的仪表装置有_____、_____、_____和水温表等。

8. 点火系统次级电压的最大值随发动机气缸数的增加而_____。

9. 完整的汽车空调系统主要由_____、_____、_____和空气净化装置组成。

10. 微机控制的点火提前角由三部分组成,即_____、_____和修正点火提前角。

三、选择题(每题 2 分,共 30 分)

1. 下列关于远光灯指示灯的说法中,哪个是正确的?(   )

A. 远光灯指示灯位于灯光控制开关内。

B. 远光灯指示灯在 FLASH 位置不点亮。

C. 当远光灯亮时,远光灯指示灯点亮。

2. 当制动液液位很低时,以下( )指示灯点亮。

A. B. C. D.

3. 以下关于汽车空调的叙述,( )是正确的。

A. 汽车空调的制热功能是采用蒸发器作为热交换器加热空气来实现的

B. 汽车空调的制冷功能是采用加热器芯作为热交换器冷却空气来实现的

C. 汽车空调中的制冷剂在使用一段时间后逐渐减少,因此必须定期检查制冷剂的量

4. 在微机控制的点火系统中,发动机工作时的点火提前角,甲认为是由初始点火提前角和修正点火提前角两部分组成的,乙认为是由初始点火提前角、基本点火提前角和修正点火提前角三部分组成的。你认为( )。

A. 甲正确　　　　　　　　　　B. 乙正确

C. 甲、乙都对　　　　　　　　D. 甲、乙都不对

5. 火花塞的热特性是用热值(数字 1～9)来表示的,甲认为数字越大,火花塞越冷,乙认为数字越小,火花塞越冷。你认为( )。

A. 甲正确　　　　　　　　　　B. 乙正确

C. 甲、乙都对　　　　　　　　D. 甲、乙都不对

6. 汽车制冷系统加注制冷剂的正确方法是( )。

A. 启动压缩机,从高压端加注　　B. 启动压缩机,从低压端加注

C. 压缩机停转,从低压端加注

7. 汽车空调系统中的哪个装置能够将气体制冷剂变为液态?( )

A. 蒸发器　　　　　　　　　　B. 膨胀阀

C. 冷凝器　　　　　　　　　　D. 压缩机

8. 汽车空调系统易熔塞的作用是( )。

A. 密封制冷剂　　　　　　　　B. 排出高压高温制冷剂

C. 观察制冷剂

9. 启动机在汽车的启动过程中( )。

A. 先接通启动电源,然后让启动机驱动齿轮与发动机飞轮齿圈正确啮合

B. 先让启动机驱动齿轮与发动机飞轮齿圈正确啮合,然后接通启动电源

C. 在接通启动电源的同时,让启动机驱动齿轮与发动机飞轮齿圈正确啮合

D. 以上都不对

10. 技师甲说,电动车窗的总开关对系统集中控制;技师乙说,流过电动座椅电动机的电流方向,决定了电动机的旋转方向。你认为( )。

A. 甲正确　　　　　　　　　　B. 乙正确

C. 甲、乙都对　　　　　　　　D. 甲、乙都不对

11. 更换卤素灯泡时,甲认为可以用手指接触灯泡的玻璃部位,乙认为不能。你认为( )。

A. 甲正确　　　　B. 乙正确　　　　C. 甲、乙都对

12. 能将制冷剂的热量散发到大气中，使高温高压的蒸气变为高温高压的液体，这个装置是（　　）。

A. 压缩机
B. 蒸发器

C. 冷凝器
D. 膨胀阀

13. 汽车大灯一侧亮，另一侧暗，说明（　　）。

A. 变光开关接触不良
B. 大灯暗的这一侧搭铁不良

C. 车灯开关故障

14. 启动机无力启动，短接启动开关两主线柱后，启动机转动仍然缓慢无力。甲认为是启动机本身故障，乙认为是电池电量不足。你认为（　　）。

A. 甲对
B. 乙对

C. 甲、乙都对
D. 甲、乙都不对

15. 微机控制电子点火系统的基本点火提前角是根据（　　）确定的。

A. 节气门位置和进气温度信号
B. 爆震和冷却水温度信号

C. 转速和负荷信号

四、综合题（共 30 分）

1. 当关闭电动刮水器时，刮水片为什么总是在不影响驾驶员视线的下边缘停止？（10 分）

2. 微机控制点火系统是如何实现最佳点火提前角的精确控制的？（10 分）

3. 如图所示，简述鼓风机电路和汽车空调制冷系统电磁离合器电路。（10 分）

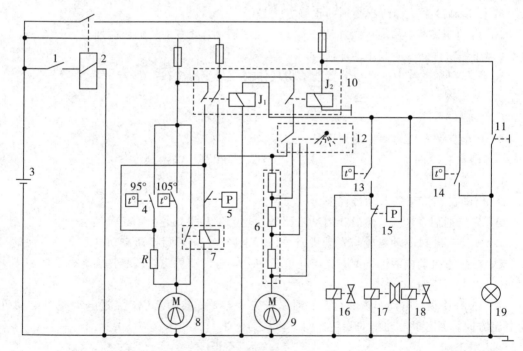

1—点火开关；2—减荷继电器；3—蓄电池；4—冷却液温控开关；5—高压保护开关；6—鼓风机调速电阻；
7—冷却风扇继电器；8—冷却风扇电机；9—鼓风机；10—空调继电器；11—空调开关 A/C；12—鼓风机开关；
13—蒸发器温控开关；14—环境温度开关；15—低压保护开关；16—怠速提升真空转换阀；17—电磁离合器；
18—新鲜空气翻板电磁阀；19—空调开关指示灯

参 考 文 献

[1] 吴涛. 汽车电气设备与维修. 2版. 西安：西安电子科技大学出版社，2012.

[2] 吴民，段明社，侯晓民. 汽车电气设备构造与维修学习工作页. 北京：人民交通出版社，2012.

[3] 吴涛. 汽车电气系统检修. 2版. 北京：电子工业出版社，2014.